LE POUVOIR DU NUNCHI

DANS LA MÊME COLLECTION

Kaizen, Sarah Harvey, janvier 2021

Collection New Life dirigée par Valérie de Sahb
Traduction de l'ouvrage : David Elkaïm
Graphisme de couverture : Laetitia Kalafat
Lecture et correction : Le Champ rond
Visuel de couverture : © Shutterstock/Dawool

Collection Poche dirigée par Franck Spengler

34 36, rue La Pérouse, 75116 Paris
www.hugoetcie.fr

ISBN : 9782755687781

Dépôt légal : mai 2021
Imprimé à Barcelone par Liberdúplex

Euny Hong

LE POUVOIR DU NUNCHI

le secret coréen
pour doper son intelligence
émotionnelle

Hugo Poche

NEW LIFE

SOMMAIRE

CHAPITRE 1

QU'EST-CE QUE LE NUNCHI ?

Nunchi (*noun-chi*) : « l'œil et la mesure », ou l'art subtil de déterminer l'état d'esprit et le ressenti de l'autre pour construire une relation harmonieuse, basée sur la confiance et l'échange.

Imaginons que vous veniez de décrocher un job dans une grande entreprise et que vous soyez invité à une soirée où vous voulez faire bonne impression. Vous arrivez dans la salle au moment où tous les convives se forcent un peu à rire à une plaisanterie pas particulièrement drôle d'une femme d'âge mûr que vous voyez pour la première fois. Comment réagissez-vous ?

A. Vous renchérissez directement avec une blague *vraiment* drôle, contrairement à celle que tout le monde vient d'entendre. Vos nouveaux collègues vont adorer !

B. Vous emboîtez le pas aux autres convives et riez, vous aussi, même si ce n'était pas la vanne du siècle.

C. Vous attendez le moment propice pour vous présenter à la dame en question parce que vous vous dites que c'est sûrement elle la directrice générale de l'entreprise.

Si vous avez choisi la réponse A, vous avez vraiment besoin de travailler votre nunchi. Si vous avez choisi la réponse B, vous avez bien analysé la situation et utilisé efficacement ce que vous avez perçu de vos nouveaux collègues. Si vous avez choisi la réponse C, félicitations, vous êtes sur la bonne voie et pourrez bientôt utiliser tout le potentiel du nunchi.

Le nunchi est le super pouvoir des Coréens. On dirait presque qu'il leur permet de lire dans les pensées – même s'il n'y a rien de surnaturel là-dedans. Le nunchi, c'est l'art de comprendre instantanément ce que les autres pensent et ressentent de manière à améliorer vos interactions avec eux. Pour maximiser son nunchi, il faut bien rester attentif à chaque mot, à chaque geste et à chaque expression du visage de ses interlocuteurs et affiner en permanence sa perception de l'ambiance générale dans la pièce. La réactivité joue un rôle crucial, à tel point que si quelqu'un a un nunchi particulièrement développé, les Coréens ne diront pas que cette personne est dotée d'un « bon » nunchi mais d'un nunchi « rapide ».

Dès que vous saurez l'utiliser, le nunchi vous évitera de vous mettre dans des situations embarrassantes – vous ne ferez pas de faux pas si vous avez correctement « lu » la pièce où vous vous trouvez. À plus long terme, le nunchi mettra à votre portée un nombre incroyable de possibilités. Les gens vous ouvriront des portes dont vous ne soupçonniez même pas l'existence. Le nunchi vous aidera à profiter des meilleures opportunités que la vie peut vous offrir.

Les Coréens disent que « celui qui a un nunchi rapide peut manger des crevettes dans un monastère ». Il est difficile de percevoir immédiatement le sens de cette expression si on ne sait pas que les monastères bouddhistes traditionnels coréens sont strictement végétariens. Dans la culture occidentale, l'équivalent serait à peu près « celui qui a un nunchi rapide peut manger du bacon dans une synagogue ». En d'autres termes, pour vous, on peut adapter les règles.

Tout le monde a intérêt à développer son nunchi ; être issu d'un milieu privilégié, avoir les bons réseaux ou avoir fait de brillantes études n'entrent pas en ligne de compte. C'est pour cette raison que les Coréens appellent le nunchi « le petit plus de ceux qui ont moins ». C'est l'arme secrète de ceux qui n'en ont aucune autre. Mais pour ceux qui sont nés avec une cuillère en argent dans la bouche, le meilleur moyen de tout gâcher, c'est de manquer de nunchi.

Pour les Coréens, « le nunchi, c'est 50 % de la vie sociale ». Grâce à un nunchi rapide et développé, vous pourrez mieux choisir vos partenaires, dans la vie comme dans les affaires, réussir professionnellement, vous protéger de ceux qui veulent vous nuire et éviter les situations stressantes. Sans vraiment savoir pourquoi, les gens se rallieront à votre point de vue alors que, si vous manquez de nunchi, ils risquent de ne pas être à l'aise avec vous sans se l'expliquer.

Vous vous dites sûrement : « Ah non, pas encore une de ces lubies asiatiques – j'ai déjà mis la moitié de mes vêtements à la poubelle à cause de Marie Kondo ! » D'abord, ce n'est pas une lubie : cela fait plus de cinq mille ans que les Coréens se servent du nunchi pour éviter des attaques en tout genre ou résister aux envahisseurs.

Il suffit de regarder l'histoire récente de la Corée pour comprendre les effets du nunchi : elle est passée de pays du tiers-monde à une puissance industrielle en tout juste un demi-siècle. Après la guerre de Corée il y a à peine soixante-dix ans, la Corée du Sud était un des pays les plus pauvres du monde – plus pauvre que la plupart des pays d'Afrique subsaharienne. En plus, elle n'avait aucune ressource naturelle : pas une goutte de pétrole, pas un gramme de cuivre. Au XXIe siècle, la Corée du Sud est rentrée dans le club des États les plus riches, les plus cools et les plus technologiquement avancés de la planète.

Elle fabrique la plus grande partie des semi-conducteurs et des smartphones produits dans le monde. C'est le seul membre de l'Organisation de coopération et de développement économiques (OCDE) qui *empruntait* de l'argent au départ et en *prête* aujourd'hui[1]. Évidemment, une part de ce succès s'explique de façon classique par une dose de chance, la force de travail et l'appui des puissances amies mais si c'était si simple, d'autres pays en voie de développement auraient obtenu les mêmes résultats. Or ce n'est pas le cas. Le miracle économique coréen a toujours reposé sur le nunchi, c'est-à-dire sur cette capacité à « comprendre en un coup d'œil » l'évolution perpétuelle des besoins des partenaires commerciaux, à fabriquer sans arrêt les nouveaux produits pour y répondre, à les exporter et à ajuster ses plans en permanence en fonction de la seule constante universelle, le changement. Si vous n'êtes toujours pas convaincu de l'importance du nunchi, demandez-vous pourquoi tout le monde connaît la K-pop.

En Corée, chaque fibre de la société est imprégnée de nunchi. Les parents coréens disent à leurs enfants à quel point c'est important dès leur plus jeune âge, exactement comme ils leur apprennent à regarder des deux côtés de la rue avant de traverser ou à ne pas frapper leur petite sœur. « Tu n'as pas de nunchi ou quoi ?! », c'est quelque chose qu'ils leur répètent sans arrêt. Je me souviens qu'une fois, quand j'étais petite, j'ai froissé sans le vouloir une amie de la famille et que, pour me défendre, j'ai dit à mon père « J'ai pas fait exprès » ! Ce à quoi il a répondu : « Que tu ne l'aies pas fait exprès n'est pas une circonstance atténuante : c'est une circonstance aggravante. »

Pour un Occidental, la réponse de mon père est probablement difficile à comprendre. Normalement, un parent préfère que son enfant soit désagréable involontairement ! Mais essayez de le voir sous un autre angle : au moins, les enfants qui font exprès d'être pénibles obtiennent le résultat qu'ils recherchaient, que ce soit pour se venger de leur frère ou pour énerver leurs parents. On ne peut pas en dire autant d'un enfant qui dit quelque chose sans avoir réfléchi à ce que cela fait aux autres : c'est manquer de nunchi, ce qui est encore plus grave ! Être gentil et poli, c'est très bien mais un enfant n'ira pas très loin dans la vie s'il est « à côté de la plaque », à moins que quelqu'un ne le prenne en main.

Il y a des gens qui sont nés avec du nunchi. Certains parviennent à l'acquérir progressivement mais pour d'autres, cela demande un peu plus de boulot ! C'était mon cas. J'avais douze ans quand mes parents ont décidé de quitter les États-Unis pour s'installer en Corée du Sud. Alors que je ne parlais pas du tout coréen, je me suis retrouvée à l'école publique. C'était violent mais apprendre sur le tas à utiliser mon nunchi était sans doute le meilleur moyen de m'adapter à cette culture qui m'était étrangère alors que je ne comprenais rien. Pour pouvoir me débrouiller dans mon nouvel environnement, j'ai dû tout miser sur mon nunchi qui, de fait, est devenu un sixième sens.

En plus, il y a d'énormes différences dans la façon d'appréhender les relations interpersonnelles aux États-Unis et en Corée, ce qui me rendait les choses encore plus difficiles. En Amérique, il y a très peu de formalisme et un minimum de nunchi suffit pour s'en sortir : on ne se fait pas de courbettes, il n'y a pas plusieurs registres de langage très structurés et un enfant peut facilement appeler un adulte par son prénom. Dans la culture coréenne, c'est complètement différent parce que la société et la langue sont imprégnées de l'idée de hiérarchie et qu'il y a plus de règles que d'étoiles dans le ciel. Par exemple, on n'appelle pas son aîné par son prénom mais « grand frère » ou « grande sœur » en signe de respect. Selon les préceptes confucéens, la vie en société ne peut être harmonieuse que si chacun connaît sa place et agit en conséquence. Imaginez le problème : je ne savais pas comment appeler mes camarades et encore moins comment me comporter à l'école ! Qu'est-ce que je pouvais faire à part regarder comment faisaient mes condisciples ? C'est comme ça que j'ai appris deux règles fondamentales du nunchi.

1) *Si tout le monde agit d'une certaine façon, c'est qu'il y a une bonne raison.* Je ne savais pas comment me tenir, que ce soit quand il fallait écouter ou pendant les moments plus détendus. Mais je voyais bien que tout le monde se comportait d'une certaine façon, donc j'ai bien observé les attitudes corporelles des autres élèves et j'ai fait pareil.

2) *Si on est suffisamment patient, la réponse à presque toutes les questions qu'on se pose finit par arriver sans qu'on ait besoin de demander.* Heureusement pour moi, vu que j'en étais incapable.

Une fois jetée dans le grand bain, j'ai utilisé mon nunchi pour comprendre ce qu'on attendait de moi parce que je n'avais pas d'autre solution. Cela m'a donné le goût d'apprendre et a poussé professeurs et camarades de classe à faire preuve de patience envers moi. Un an à peine après être arrivée en Corée, j'étais première de ma classe et j'avais gagné un prix en maths et en physique. En moins de dix-huit mois, je m'étais fait élire vice-présidente et me retrouvais investie du pouvoir de frapper les autres élèves (privilège quelque peu contestable dont bénéficie une petite minorité). Et cela a été possible malgré mon niveau de coréen toujours vraiment faible et sans que les railleries à propos de mes manières d'Occidentale aient cessé. Mais je suis la preuve vivante qu'il n'est pas nécessaire d'être la meilleure pour réussir, pour peu qu'on ait un nunchi rapide.

Certes, j'étais une élève sérieuse mais cela ne m'aurait pas servi à grand-chose sans nunchi. Le nunchi est ce petit quelque chose qui tranforme un gros handicap (la méconnaissance du coréen, en ce qui me concerne) en un avantage inattendu : étant donné que les enseignants parlaient tout le temps trop vite pour que je puisse comprendre correctement ce qu'ils disaient ou bien prendre des notes, il a fallu que j'apprenne à repérer sur les visages et dans les intonations les moments où ils parlaient de quelque chose de vraiment important – en l'occurrence du sujet possible du prochain examen. Je me suis en effet rendu compte qu'un ton plus appuyé veut souvent dire « je vais vous interroger là-dessus ». Autre exemple. En sixième, ma prof de physique se frappait la paume de la main avec sa baguette quand elle voulait attirer notre attention sur un point particulier. (Les enseignants se baladaient toujours avec une baguette en bois recouverte de ruban adhésif. Il n'était pas rare qu'ils s'en servent pour taper sur les élèves.) Donc, même si j'étais encore loin d'être à l'aise et que c'était toujours compliqué de prendre des notes, j'ai compris que les professeurs nous « disaient » – sans nous le dire – ce qu'ils allaient mettre dans les contrôles.

Le nunchi fait partie de la vie quotidienne en Corée, parce que la culture coréenne est une culture « à fort contexte », c'est-à-dire que la communication passe essentiellement non pas par les mots mais par le contexte général, qui dépend de plein de choses : le langage corporel, les expressions du visage, les traditions, les convives et même les silences. En Corée, ce qu'on ne dit *pas* est au moins aussi important que les mots qu'on prononce et quelqu'un qui ne fait attention qu'aux paroles rate la moitié de ce qui se passe. Mais cela ne signifie pas pour autant qu'il n'y a que là-bas que le nunchi est utile. Même dans un pays occidental, vous vous retrouverez régulièrement dans des situations à fort contexte dans lesquelles le nunchi peut être utile – quand bien même vous ignoriez jusqu'à présent l'existence de ce mot.

LE NUNCHI, TOUT LE MONDE EN A BESOIN

Cela ne vous a pas échappé, j'en suis sûre : quand on discute avec quelqu'un, plus c'est important, plus il y a de chances pour que personne n'évoque ouvertement l'information la plus déterminante ou en tout cas sans arrière-pensée. C'est dans ces moments-là que le nunchi est votre meilleur allié.

Est-ce qu'il vous est déjà arrivé de vous trouver dans une pièce à l'instant où une personne célèbre y fait son entrée ? Même si la porte est derrière vous et que vous n'avez pas vu qui est entré, vous vous rendez compte que quelque chose a changé rien qu'à la façon dont les gens réagissent. C'est le nunchi en action : être attentif aux signaux que les autres envoient.

En pratique, dans la vie de tous les jours, il faut bien comprendre qu'en matière de nunchi, on doit raisonner à l'échelle de la pièce dans laquelle on se trouve. Ce que je veux dire, c'est que vous devez vous intéresser à la pièce dans sa globalité et à la façon dont les personnes qui s'y trouvent agissent et réagissent, et non pas aux individus pris séparément.

Vous ne considérez peut-être pas spontanément une pièce comme un organisme à part entière qui vit et qui respire. Pourtant, c'est cela. Chacune a sa propre « température », sa « pression atmosphérique », son volume, son humeur – qui sont en constante évolution. Les Coréens disent que chaque pièce a son *boonwigi* – son ambiance ou son niveau de bien-être pour ainsi dire. Et chaque personne contribue à ce *boonwigi* du seul fait de sa présence. Comportez-vous sans nunchi et vous ruinerez le *boonwigi* dans toute la pièce. En revanche, faites preuve d'un bon nunchi, d'un nunchi « rapide », et vous améliorerez l'ambiance pour tout le monde.

Si cela peut vous aider, pensez à une ruche. Même si on dirait que chaque abeille agit indépendamment des autres, c'est comme si une partie de son cerveau agissait en fonction du collectif. Chacune a un rôle. C'est la même chose pour vous. Votre mission, c'est de comprendre lequel.

Jusqu'à ce que vous y arriviez – et même après –, vous devez en permanence « évaluer en un regard » : prenez cette habitude et vous verrez immédiatement les résultats ! Vous n'aurez plus peur de ne pas savoir ce qu'il faut faire ou dire si vous gardez en tête que le plus important, c'est d'observer et d'évaluer la situation.

D'accord, mais qu'est-ce qu'il faut regarder ? Pour bien pratiquer le nunchi, on doit essayer de répondre à ces deux questions : « Quelle est l'énergie émotionnelle de la pièce ? » et « Quel type d'énergie dois-je émettre pour accompagner le mouvement ? »

Pourquoi est-ce important de comprendre quelles ondes on transmet ? Maya Angelou a eu cette formule que je trouve particulièrement pertinente : « Je me suis rendu compte que les gens oublient ce que vous avez fait mais n'oublient jamais ce que vous leur avez fait ressentir. »

Voici quelques exemples de mauvais nunchi. Si vous vous êtes retrouvé dans des situations similaires, essayez de vous rappeler les conséquences que cela a eu pour vous et pour les autres :

– Vous arrivez dans un endroit où les gens ont l'air triste. Sur le ton de la plaisanterie, vous lancez « On enterre qui ? » et découvrez un peu plus tard que le père de quelqu'un vient effectivement de mourir.

– On ne vous a rien dit mais votre patron a claqué la porte à plusieurs reprises et vous avez entendu des gens pleurer dans les toilettes. Cela ne vous empêche pas d'aller demander une augmentation.

– C'est la journée portes ouvertes d'une entreprise prestigieuse où vous aimeriez bien travailler. Vous décidez d'essayer d'impressionner un type parce qu'il a une cravate flashy et se donne des airs importants. Sauf qu'un peu plus tard, vous comprenez qu'il essayait juste de vous draguer quand il vous envoie un sms pour vous proposer de dîner avec lui. Et puis vous comprenez que les personnes au look pas très soigné que vous avez prises pour des stagiaires sont en fait les patrons de la boîte.

La notion de changement tient une place fondamentale dans le nunchi : il faut toujours avoir à l'esprit que tout évolue constamment. Héraclite, le philosophe grec du VIᵉ siècle avant Jésus-Christ, a dit qu'on ne se baigne jamais deux fois dans le même fleuve. En appliquant cette formule au nunchi, cela revient à dire que la pièce dans laquelle vous vous trouvez à un instant est différente de celle dans laquelle vous êtes entré il y a dix minutes. Pour développer votre nunchi, vous devez absolument prendre conscience de vos propres préconceptions et admettre qu'elles peuvent inhiber vos capacités d'observation et d'adaptation. La plupart des gens comprennent qu'il faut se comporter différemment en fonction de la situation – vous n'aurez pas la même attitude à un enterrement et à un anniversaire – mais il arrive que, précisément parce que nous connaissons le contexte, nous ne percevions pas que quelque chose vient de changer autour de nous et qu'il faut s'y adapter.

Si on n'intègre pas qu'il est nécessaire de réagir rapidement au changement, il est impossible de réussir dans les affaires. Pendant les entretiens d'embauche, les recruteurs de certaines banques déstabilisent les candidats en ouvrant et en fermant constamment la fenêtre ou en leur demandant inopinément de poursuivre la discussion dans une autre salle de manière à tester leur capacité d'adaptation. Ceux qui ont du mal à gérer ces situations imprévues sont désavantagés pendant ces processus de recrutement comme dans la vie en général.

Concrètement, avoir un bon nunchi, c'est regarder ce qui se passe quand on entre dans une pièce avant de parler ou même d'interagir avec quelqu'un.

Qui est à côté de qui ? Pourquoi ce groupe de personnes passe-t-il son temps dans la cuisine ? Nous sommes dotés de puissants instincts sociaux qui nous permettent de capter des informations importantes quant à notre environnement mais il faut savoir observer – c'est-à-dire se concentrer sur les autres et non sur nous-même – pour pouvoir les interpréter.

Le personnage de Sherlock Holmes, ce détective de la période victorienne créé par Arthur Conan Doyle, n'a pas son pareil pour lire une pièce. Dès sa première rencontre avec le docteur Watson, Holmes est capable de déterminer que celui qui deviendra son ami et partagera ses aventures était auparavant médecin militaire en Afghanistan simplement à partir de son bronzage (« son visage est cuivré et il est facile de deviner que ce n'est pas sa couleur de peau naturelle au vu de ses poignets plus clairs »), de son air hagard et de la raideur de ses bras qui trahit une vieille blessure. Plus avant dans le roman, il taquine gentiment Watson en soulignant qu'il n'a pas ce talent : « Vous voyez mais vous n'observez pas. »

Holmes utilise avec brio sa capacité d'observation pour résoudre les énigmes : il n'y a de la boue que sur la manche gauche de la robe d'une femme, il en déduit donc qu'elle devait être assise à gauche du cocher dans une voiture décapotée. À plusieurs reprises, il recueille des indices juste en étant attentif à la façon dont les personnages fument ou bien aux cendres qu'ils laissent derrière eux.

Certes, tout le monde n'est pas Sherlock Holmes mais rien n'empêche de s'en inspirer dans la vie de tous les jours. Et comme pour Sherlock Holmes qui n'a besoin que d'une fraction de seconde, la vitesse est essentielle en matière de nunchi. Il faut s'adapter très rapidement à chaque nouvel élément d'information et à chaque nouvelle personne qui entre dans la pièce où l'on se trouve.

Imaginons qu'au cours d'un entretien d'embauche, la personne en charge des ressources humaines, Jack, vous dise : « Ce poste nécessite pas mal d'autonomie. Est-ce que vous diriez que vous êtes performant quand il faut travailler en solo ? C'est ce type de profil que nous recherchons. » Au moment où vous vous apprêtez à répondre, une femme entre dans la pièce, dit qu'elle s'appelle Jill mais rien de plus. Elle vous lance : « Bon, moi aussi j'ai des questions. Dans ce boulot, il faut travailler au quotidien avec une équipe. Vous avez le sens du collectif ? Parce que, franchement, on n'a pas besoin d'un loup solitaire. » En gros, Jack et Jill viennent de vous donner des informations contradictoires.

Est-ce que vous insistez sur votre capacité à travailler seul pour faire plaisir à Jack ? Ou bien, est-ce que vous dites que vous aimez travailler en équipe parce que c'est ce que recherche Jill ? Pas le temps de tergiverser. Pas question de rentrer à la maison et de googliser Jill. Mais vous remarquez quand même une chose : Jack la traite avec déférence et ne lui coupe jamais la parole. Et puis, elle ne s'est pas excusée d'être arrivée en retard.

Dans cette situation, est-ce que vous leur dites :

A. « Bon, désolé, mais vous venez de me dire deux choses complètement contradictoires. Appelez-moi quand vous vous serez mis d'accord, ha ha ! »

B. « Je pense que je suis vraiment plus à l'aise en solo. » Votre raisonnement est le suivant : Jack est celui qui m'a reçu, ce qui doit vouloir dire que c'est lui qui décide. Jill ne s'est même pas excusée ; c'est impoli donc je ne vais pas écouter ce qu'elle dit. En plus, c'est une femme donc c'est sûrement l'assistante de Jack.

C. « Franchement, je pense être performant dans ces deux types de situations. En fait, je suis performant dans toutes les situations. »

D. « En réfléchissant, je peux retrouver des situations où je ne m'en suis pas trop mal sorti en groupe comme en solo mais je pense que je préfère quand même travailler en équipe. » Vous vous dites : « C'est ce que Jill attend et, vu la façon dont elle se comporte, c'est probablement la supérieure hiérarchique de Jack. »

Tout bien réfléchi, l'option D est probablement la meilleure. Jill ne s'est pas excusée pour son retard parce qu'elle se moque de ce qu'en pense Jack. C'est assez logique de vous dire que c'est elle la plus haut placée et donc que c'est elle qu'il faut convaincre. C'est elle qui aura le dernier mot.

Acquérir un nunchi rapide peut vous aider à décrocher ce boulot. Cela peut vous aider à vous faire des amis. Cela peut conduire des gens à vous soutenir sans vraiment savoir pourquoi. Un bon nunchi vous rendra les choses plus faciles pour réussir. Vous pouvez commencer à l'améliorer là tout de suite, quels que soient votre formation, votre job actuel ou vos perspectives professionnelles. Pas besoin d'investir dans du matériel sophistiqué pour devenir un champion du nunchi, ni de prendre des cours. Tout ce qu'il vous faut, ce sont vos yeux et vos oreilles et quelques conseils pour apprendre à les utiliser intelligemment.

Game of Thrones, la célèbre série tirée des livres de George A. R. Martin, pourrait aussi bien s'appeler *Game of Nunchi* : c'est l'histoire de gens qui ont un nunchi particulièrement rapide qui rencontrent des gens qui ont un nunchi vraiment mauvais. Le personnage qui a le meilleur nunchi, c'est de loin le « demi-homme » Tyrion Lannister.

Ce qui le caractérise le mieux, c'est cette capacité à sentir quand il est vraiment en danger et à agir en conséquence. Presque tous les autres personnages ont un mauvais nunchi, en particulier ceux qui se moquent du fait que « l'hiver arrive » et ne croient pas à l'existence des Marcheurs blancs – des morts-vivants venus du froid – malgré tous les éléments qui prouvent qu'ils sont là pour détruire l'humanité entière. Au début de la série, les membres de la famille Stark n'ont absolument aucun nunchi – surtout Sansa, dont l'incapacité à bien cerner les gens et la volonté d'épouser le prince Joffrey, qui est en fait un vrai sadique, provoquent des catastrophes pour tout le monde. Au fil de la série, au contact des plus horribles personnages imaginables, leur nunchi s'améliore… doucement.

Ne soyez pas comme les Stark. Améliorez votre nunchi avant que la vie ne se charge de vous rappeler que si vous en manquez, vous allez souffrir.

Cela demande du temps et des efforts. Mais vous savez ce qui prend encore plus de temps et d'efforts ? Rattraper la situation une fois que vous avez fait mauvaise impression. Stresser parce que vous ne comprenez pas pourquoi d'un coup les gens sont énervés contre vous. Faire le ménage alors que vous n'avez jamais eu l'intention de mettre le bazar.

Dans ce livre, je vais vous montrer que le nunchi n'est pas une coutume exotique, comme l'habitude de se déchausser quand on entre chez quelqu'un. Le nunchi est l'espèce sonnante et trébuchante de la vie.

CHAPITRE 2

LE SUPER POUVOIR DES CORÉENS

On dit qu'au cours de l'histoire, la Corée a été envahie huit cents fois. En effet, elle se situe sur une zone tampon entre la Chine et le Japon, une position stratégique généralement considérée comme une malédiction pour un petit pays.

Malgré une histoire mouvementée, les Coréens ne se sont pas contentés de survivre : ils ont construit une nation prospère. Non seulement le pays s'est développé à la vitesse grand V mais en plus, il est devenu un acteur culturel majeur qui taille des croupières aux plus grands sur le plan mondial.

Selon le site de vente StubHub, après Elton John et Ed Sheeran, c'est le groupe de K-pop BTS qui a vendu le plus de billets pour des concerts à l'automne 2018 aux États-Unis. Ce n'est pas anodin. Leurs chansons ne sont même pas en anglais ; en fait, ils chantent dans une langue qui n'est parlée que dans deux pays : la Corée du Nord et la Corée du Sud.

Il n'y a rien de logique non plus à ce que les produits de beauté coréens soient devenus populaires au point qu'on les trouve dans les magasins de Paris ou de New York. Les cosmétiques coréens n'ont rien de révolutionnaire et pourtant ils ont acquis une telle réputation que la « K-beauté » est synonyme de modernité et d'excellence, ce qui lui confère une influence non négligeable.

Par quel miracle un pays où presque personne à peine n'avait l'eau courante il y a soixante-dix ans peut-il aujourd'hui être considéré comme tellement « cool » ? C'est simple : le nunchi ! Darwin a dit que, dans le processus de sélection naturelle, ce ne sont pas toujours les plus forts qui gagnent ; ce sont plutôt les plus adaptables. Il aurait pu dire que ce sont ceux qui ont le nunchi le plus rapide.

D'OÙ VIENT LE NUNCHI ?

Parmi les contes populaires coréens qui font l'éloge du nunchi, le plus célèbre d'entre eux raconte l'histoire d'un héros légendaire appelé Hong Gildong (Hong est le nom de famille mais il n'a aucun rapport avec moi), une sorte de Robin des Bois du XVIe siècle. On ne sait pas grand-chose du personnage qui a vraiment existé mais, selon la légende, Hong a utilisé son nunchi pour échapper à une tentative d'assassinat, renverser le roi et prendre sa place sur le trône. Et, comme dans presque tous les mythes, c'est grâce à son nunchi que Gildong l'emporte. Fruit des amours du roi et d'une de ses concubines (pas très haut placée en plus), il n'est pas traité comme un fils légitime bien que son père l'ait pris sous son aile. Mais la première concubine est jalouse et Hong doit donc quitter le palais et se débrouiller tout seul en ne pouvant compter que sur son propre bon sens… c'est-à-dire son nunchi. Donc, comme il est malin, il comprend ce qui se trame contre lui et réalise qu'il faut qu'il parte, sinon il va se faire assassiner. C'est grâce à son nunchi qu'il peut s'adapter à chaque situation et, tel un caméléon, réagir au mieux, par exemple en se faisant passer tantôt pour un inspecteur officiel quand il veut qu'on le remarque, tantôt pour un conducteur de rickshaw quand il veut passer inaperçu.

Pour en savoir plus sur Hong et son nunchi, j'ai parlé à Minsoo Kang qui est professeur d'histoire européenne à Saint-Louis, l'université du Missouri, et qui a réalisé la première traduction complète en anglais de l'*Histoire de Hong Gildong*[2]. En plus d'être universitaire, M. Kang est une des premières personnes qui me viennent à l'esprit quand j'essaie de penser à quelqu'un qui a un excellent nunchi. Il m'a expliqué pourquoi, dans la société coréenne traditionnelle, non seulement Hong, mais en fait tout le monde (et surtout un enfant illégitime) avait besoin de nunchi : dans un système aussi rigide et complexe (il y a des sous-classes à l'intérieur des classes !), le nunchi est indispensable. Il souligne que « sous les Joseon (qui ont régné de la fin du XIVe siècle au début du XXe), plusieurs générations et plusieurs familles vivaient sous le même toit dans la prison dorée qu'était le palais. Même entre les femmes, c'était très tendu, compte tenu de la hiérarchie entre les concubines. Dans ce contexte, développer son nunchi était une question de vie ou de mort ».

Il faut avoir à l'esprit que trois grandes religions coexistaient au sein de la société coréenne prémoderne. Par ordre de leur adoption, il s'agit de :

1. l'animisme, qui repose sur l'idée que toute chose est dotée d'une âme, notamment les montagnes. C'est un peu comme dans le druidisme pratiqué par les peuples celtes qui ont construit Stonehenge ;

2. le confucianisme, religion officielle de l'État Joseon, qui promeut une société caractérisée par l'ordre et la hiérarchie, au sein de laquelle tout le monde connaît sa place ;

3. le bouddhisme, la religion la plus subtile à définir, repose notamment sur l'idée qu'il faut accepter que la vie est faite de souffrance et que, dès lors, la voie pour parvenir à la paix intérieure est celle de la contemplation et de la pleine compréhension des effets que chacune de nos actions peut avoir – que ce soit jeter un papier par terre ou se montrer cruel envers un autre être humain ou un animal.

Bien que ce soit le système de pensée confucéen qui joue un rôle prépondérant dans l'histoire de Gildong, les trois religions ont contribué à renforcer l'importance dans la mentalité coréenne de l'observation patiente et de la prise en compte des conséquences de nos actes. M. Kang a analysé très précisément pourquoi les Coréens sont autant attachés au nunchi : « Cela s'explique pour une large part par le fait que leur pays a été envahi un grand nombre de fois. La Corée était trop faible pour repousser les vagues d'envahisseurs les unes après les autres donc les gens ont été obligés de vivre avec. Comment cohabiter avec ces nouvelles populations qui arrivaient, Mongols, Mandchous ou Japonais ? Les Coréens n'ont eu d'autre choix que de développer les méthodes qui constituent le nunchi. »

Sans elles, la culture coréenne aurait disparu. Pendant la colonisation japonaise entre 1919 et 1945, la langue et la culture coréennes ont connu une véritable érosion. Il fallait par exemple adopter des noms de famille japonais.

« En cas de victoire dans la Seconde Guerre mondiale, dit M. Kang, les Japonais avaient pour objectif d'éradiquer totalement la langue et la culture coréennes. Pour sauver ce qui pouvait l'être de leur coréanité, les Coréens ont dû faire fonctionner leur nunchi à plein régime. Ils devaient apaiser la puissance occupante tout en trouvant la bonne approche et le bon tempo pour préserver les journaux en coréen, les religions autres que le shintoïsme et l'éducation coréenne dans les écoles. »

M. Kang insiste également sur le rôle qu'a joué le nunchi dans le décollage économique ultrarapide de la Corée du Sud, sous la dictature du président Park Jung-hee (Park est le nom de famille), qui est resté au pouvoir de 1961 à son assassinat en 1979. « J'ai un profond mépris pour Park mais il faut bien reconnaître qu'il a compris que la seule façon pour la Corée du Sud de se développer, c'était de s'ouvrir au monde, d'envoyer des gens à l'étranger pour acquérir des compétences dans tous les domaines, notamment en anglais, et de donner du travail aux Coréens, dit-il. Il fallait absolument être capable de comprendre ce que les non-Coréens avaient dans la tête mais aussi tout simplement les autres cultures. Regardez où en est aujourd'hui la Corée du Nord qui a fait exactement l'inverse en se coupant totalement du monde extérieur, ce qui explique que ses dirigeants ont un nunchi absolument désastreux. »

Comment être sûr que le nunchi des Coréens fonctionne ? Pour commencer, il faut rappeler qu'il y a 70 millions de personnes qui parlent coréen alors qu'en toute logique, au regard de l'histoire, il ne devrait plus y en avoir une seule. Dans la Corée moderne, le nunchi reste extrêmement important. M. Kang souligne que « la *Realpolitik*, c'est le nunchi. Le président sud-coréen doit s'en servir pour décider comment gérer la situation avec les Américains comme avec les Nord-Coréens ». De fait, après la poignée de main historique de 2018 puis la dégustation de nouilles entre le président Moon Jae-in et le dirigeant nord-coréen Kim Jong-un, beaucoup de journalistes occidentaux n'ont pas compris ce qui s'était passé. En quoi est-ce que se serrer la main et manger des nouilles peut aider à faire la paix ? Ce qu'ils n'ont pas vu, c'est que les deux Coréens se livraient à un jeu de nunchi sous les yeux du reste du monde.

Selon toute vraisemblance, il ne s'agissait pas de parler sérieusement de réunification, contrairement à ce que beaucoup pensaient. Sans pouvoir l'affirmer avec certitude, beaucoup d'experts pensent que cette rencontre était en fait un geste de défiance à l'encontre des États-Unis, du Japon et de la Chine qui imaginaient, chacun de leur côté, pouvoir s'ingérer au sein de la relation entre les deux Corées.

Regardez bien les images : quand ils sont ensemble, Moon et Kim se déplacent symétriquement l'un par rapport à l'autre, comme s'ils suivaient une chorégraphie (même si personne en dehors de leurs premiers cercles ne sait vraiment si c'était prévu à l'avance). On voit bien que chacun bouge en fonction de ce que fait l'autre.

C'est le nunchi en action. Dès leur première rencontre, les deux dirigeants ont voulu montrer qu'aucun d'eux n'était en position de supériorité ni d'infériorité par rapport à l'autre. Ils se sont salués en s'inclinant plus ou moins selon le même angle et pendant la même durée. Quand ils se sont donné l'accolade, ils ont desserré l'étreinte en même temps. Pendant la dégustation de ces nouilles au blé noir typiquement nord-coréennes, ils ont pris soin de manger sans rien laisser transparaître, avec la même expression sur le visage et à peu près au même rythme. Imaginons que l'un ait trop donné l'impression de se régaler tandis que l'autre se montrait plus réservé : cela aurait pu être interprété comme le reflet de ce que chacun pensait de la Corée du Nord. Donc chacun des leaders a fait en sorte de calquer son attitude sur celle de l'autre tout au long du déjeuner. Ils voulaient afficher leur unité. Si l'ordre du jour du sommet avait été le basket ou les mérites du cognac Hennessy, cela n'aurait rien changé à leur façon de faire. L'important n'était pas le sujet de la conversation mais la démonstration publique de la solidité de la relation intercoréenne et de son autonomie vis-à-vis des autres acteurs. Tout cela en brouillant volontairement les pistes !

La société coréenne est encore aujourd'hui imprégnée de nunchi. Les Occidentaux qui se lancent dans les affaires en Corée sont souvent pris de court parce que lors de la première rencontre avec leurs partenaires commerciaux, voire de la deuxième et de la troisième, l'objet des discussions n'est abordé directement à aucun moment. Pour les Coréens, ces rencontres ont uniquement lieu pour leur permettre de déterminer si vous êtes un investisseur sérieux, digne de confiance et sur la même longueur d'ondes qu'eux – et pour cela, ils ont besoin de vous « lire ».

Après le sommet historique de 2018 entre Trump et Kim, la presse coréenne a scrupuleusement regardé ce qui s'était passé en termes de nunchi : pourquoi un tel geste ? Comment analyser le langage corporel de chacun, etc. ? C'est tout sauf des détails. Plusieurs médias ont relevé que la poignée de main avait duré douze secondes – plus qu'une poignée de main classique mais moins que les dix-neuf de celle, assez gênante, échangée avec le Premier ministre japonais Shinzo Abe. Ils ont également souligné le fait que, alors que les poignées de main de Trump avec les autres dirigeants internationaux ressemblent souvent à des bras de fer – chacun essayant de tirer la main de l'autre de son côté –, celle avec Kim est restée pile entre les deux, comme pour bien signifier que les deux pays avaient autant à perdre qu'à gagner.

L'ÉCHELLE DU NUNCHI

Jaehong Heo, un psychologue coréen qui enseigne à l'université Kyungpook de Daegu, une ville du sud-est du pays, travaille sur des modèles pour traiter ses patients en ayant recours au nunchi. Il a créé ce qu'il appelle l'« Échelle du nunchi », une façon innovante de mesurer le nunchi « objectivement »[3]. Dans les sciences sociales occidentales, il existe depuis des dizaines d'années déjà des outils similaires pour évaluer l'estime de soi, la satisfaction personnelle et le quotient empathique, développé par le célèbre professeur de psychologie de Cambridge, Simon Baron-Cohen.

D'après les recherches menées par l'équipe de Heo, un bon nunchi peut contribuer à rendre les gens plus heureux : un score élevé sur l'Échelle du nunchi est corrélé à une bonne estime de soi, une vie plus satisfaisante et une plus forte empathie. L'objectif de long terme de cette étude est de parvenir à adapter les traitements aux spécificités culturelles coréennes en aidant les patients à améliorer leur nunchi.

Heo et son équipe ont ainsi établi une liste d'éléments qui, selon eux, définissent le mieux le nunchi, et l'ont ensuite utilisée pour interroger 180 jeunes adultes. Ils ont mesuré leur nunchi à partir des réponses à plusieurs affirmations, où un « oui » indique un haut niveau de nunchi, parmi lesquelles :

– Je ne suis pas à l'aise quand je dois dire quelque chose sans savoir dans quelle disposition émotionnelle ou mentale l'autre personne se trouve.

– Même quand une personne parle de façon indirecte, je suis en mesure de comprendre ce qu'elle veut dire.

– J'arrive à percevoir rapidement dans quel état d'esprit mon interlocuteur se trouve.

– Je ne mets pas les autres mal à l'aise.

– Je peux en toute occasion déterminer assez facilement quand il est temps de partir ou au contraire s'il faut que je reste.

Il apparaît clairement que les individus qui se calent sur les émotions des autres et sont capables de lire correctement la pièce sont plus à l'aise en société que ceux qui manquent de nunchi.

Plusieurs aspects de l'étude sont intéressants à souligner. D'abord, l'emploi du mot « rapidement » dans l'affirmation n° 3 (et dans d'autres non reprises ici) qui rappelle à quel point la notion de vitesse est importante dans le nunchi (au contraire du quotient empathique qui n'en fait aucun cas). Ensuite, « Je ne mets pas les autres mal à l'aise », ce n'est pas *faire* quelque chose : c'est *ne pas faire* quelque chose. Ce qui nous amène à un point central : comme dans le serment d'Hippocrate, on pourrait dire qu'un des principes centraux du nunchi est : « Premièrement, ne fais pas de mal. »

Un médecin ne prescrit pas de la pénicilline ou une chimiothérapie à un patient dès qu'il entre dans son cabinet. Il commence par faire son diagnostic et ensuite détermine, le cas échéant, quel traitement il doit administrer. Avant de penser à soigner, un médecin s'assure d'abord qu'il ne va pas faire de mal. Par exemple, certaines personnes sont allergiques à la pénicilline et peuvent en mourir, pour d'autres, le cancer est déjà tellement avancé que la chimio ne servira à rien si ce n'est à détériorer encore leur qualité de vie. Sans diagnostic, on veut aider mais on n'aide pas vraiment. Selon le nunchi, la première chose à faire, c'est d'abord de « ne pas faire de mal ». Il est difficile de s'y tenir parce que nous sommes prisonniers d'une irrésistible envie de réparer les choses. Il peut ainsi arriver que des personnes bien intentionnées, en voulant « aider », ne fassent qu'empirer la situation.

Par exemple, en voyant quelqu'un pleurer, une personne qui n'a pas un très bon nunchi va lui apporter une boîte de mouchoirs et lui demander si ça va, ce qui aura pour effet d'attirer l'attention de tout le monde alors que la personne qui pleure voulait qu'on la laisse tranquille.

En Corée, le nunchi au quotidien

En Corée, comme au Japon et dans beaucoup d'autres pays asiatiques, les cartes de visite professionnelles sont très importantes aujourd'hui encore. Alors même que les Coréens sont très en avance en matière de communication digitale et de réseaux sociaux, les hommes d'affaires les utilisent toujours et ne diraient jamais aux personnes qu'ils rencontrent d'aller regarder leur profil sur LinkedIn.

Dans les pays occidentaux, et ce depuis longtemps que de moins en moins de personnes s'en servent. Beaucoup d'entreprises américaines attendent d'atteindre une masse critique pour en commander de nouvelles à leur imprimeur, de manière à pouvoir bénéficier de tarifs plus intéressants. Pour un Coréen, c'est impensable : imaginez votre patron vous expliquer qu'il n'y a plus de papier toilette parce qu'il attend les soldes de Noël pour réapprovisionner. Ce serait la même chose.

En Corée, votre carte de visite est une véritable extension de votre identité. Si vous n'en avez pas, ça veut dire que vous n'avez pas un vrai job et que vous ne servez pas à grand-chose en général. Donc ce n'est pas anodin de donner sa carte, c'est presque une partie de son propre corps. Les Coréens vous la tendront avec leurs deux mains et en s'inclinant légèrement et il faut faire de même en la recevant.

Surtout ne la rangez pas directement dans votre poche ou dans votre portefeuille, ne vous en servez pas pour prendre des notes et prenez-en bien soin : vous devez la lire attentivement pendant quelques secondes avant de la placer dans un porte-cartes prévu à cet effet.

Ce n'est pas très pratique et c'est fait exprès. En traitant avec autant d'égards un objet aussi trivial qu'une carte de visite, vous montrez à vos interlocuteurs que vous accordez plus d'importance à eux qu'à ce qui vous arrange vous. Toujours privilégier ce qui est pratique est le meilleur ennemi du nunchi.

La manche de votre veste

En Corée (comme dans beaucoup d'autres régions, du Moyen-Orient à l'Asie du Sud-Est), quand on va dans un bar, on remplit le verre des autres convives avant de remplir le sien. Et, quand on incline la bouteille, on utilise l'autre main pour retenir la manche de sa veste. En effet, les habits traditionnels coréens étaient dotés de longues manches tombantes et il fallait donc éviter qu'elles trempent accidentellement dans le verre. Ce n'est évidemment plus le cas et pourtant les Coréens continuent de procéder de cette façon : même s'ils portent un tee-shirt à manches courtes, ils tiennent leur avant-bras. Pourquoi ? Parce que c'est une façon de réduire la distance entre soi et les autres : on montre sa considération en respectant un certain formalisme. Et en même temps, on envoie un signal à son propre cerveau en lui disant d'être complètement présent aux choses et d'accorder toute son attention aux personnes présentes. Là encore, le nunchi va contre ce qui serait le plus pratique.

Le pire ennemi du nunchi : votre smartphone

La meilleure preuve que le nunchi est plus utile que jamais, ce sont ces gens qui marchent les yeux rivés sur leur smartphone et ne voient pas qu'il y a une voiture devant eux. Si un conducteur leur fait une remarque, ils n'en tiennent le plus souvent pas compte, comme si c'était au conducteur d'être vigilant et non au piéton qui ne regarde pas devant lui.

Si un smartphone peut vous faire rater quelque chose d'aussi gros qu'une voiture, vous imaginez tous les petits détails à côté desquels il vous fait passer alors qu'ils pourraient vous renseigner sur la façon dont vos proches se sentent, l'état d'esprit de vos collègues ou l'humeur de votre patron. Si ça se trouve, pendant que vous tweetez « Trop content ! #RienNeRemplaceLesVieuxPotes », ledit pote assis accoudé au bar avec vous est en pleine déprime.

Il est beaucoup plus facile de rester le nez sur son portable que d'observer ce qui se passe autour de nous. Mais ce n'est pas la faute de la technologie ; c'est nous qui choisissons une forme de confort pour nous abstraire des complexités des relations sociales. Pour un champion du nunchi, ne pas savoir réagir aux silences un peu gênants est une faiblesse.

La recherche perpétuelle de distraction est devenue tellement normale que certaines personnes sont en panique dès qu'il y a une pause de trente secondes dans la conversation. On en est arrivés à un point où il est normal de regarder son téléphone à tout bout de champ ; il est presque impoli de demander à quelqu'un de le poser deux minutes. Je connais des profs qui s'étaient juré de bannir les smartphones de leur salle de classe mais qui ont capitulé, ou presque.

Cela ne fait pas si longtemps que les smartphones ont pris le pouvoir, donc il est encore difficile de mesurer leurs effets à long terme, mais je peux vous garantir que, toutes choses égales par ailleurs, ceux qui savent ranger leur téléphone et lire la pièce s'en sortiront beaucoup mieux dans la vie. Comme les réseaux sociaux ne sont clairement pas le meilleur endroit pour comprendre ce que ressentent les gens, tout le monde compense en employant des hyperboles ridicules pour dire que telle image était tellement impressionnante qu'elle a « cassé Internet » ou va nous « couper le souffle ». Les qualificatifs qu'on emploierait dans le cadre d'une discussion normale paraissent insuffisants dans le monde virtuel, d'où les exagérations.

Un exemple parmi d'autres de la façon dont la technologie peut éroder le nunchi : on connaît tous quelqu'un qui se fait systématiquement embobiner par des gens rencontrés sur le Net. Même si on pense bien maîtriser les réseaux sociaux, il ne faut pas accorder trop de crédit à ce qu'on y lit. Rien ne remplace les rencontres en face-à-face parce que c'est la seule façon de percevoir directement les réactions des gens et de comprendre en temps réel ce qu'ils pensent. Et vous ne pourrez pas obtenir ce que vous voulez aussi facilement si vous ne pouvez pas lire les gens avec précision, c'est aussi simple que cela.

Alors, comment faire pour ne pas subir l'influence néfaste de la technologie sur le nunchi ? Voici quelques petits trucs qui peuvent faire une grande différence.

Essayer d'exprimer ses sentiments avec des textos n'est pas une bonne idée. Le premier message est peut-être sincère mais les suivants se résument souvent à une conversation automatique. On ne résout jamais rien comme ça. La seule façon de discuter sérieusement, c'est de se parler en direct. Si c'est impossible et qu'il faut donc en passer par l'e-mail, pensez à conclure par ces phrases :

1. « Et toi, qu'est-ce que tu en penses ? » : vous voulez savoir ce que pense l'autre personne mais vous ne pouvez interpréter son langage corporel sans l'avoir devant vous.

2. « On en parle la prochaine fois qu'on se voit » : c'est une invitation à poursuivre la conversation en tête-à-tête. Et là, prenez l'initiative : sortez votre agenda et trouvez une date.

LE NUNCHI QUAND ON N'EST PAS CORÉEN

Vous vous dites peut-être : « Je n'ai pas l'intention d'aller en Corée ; à quoi le nunchi va-t-il me servir ? » Qu'est-ce qui vous fait dire que les concepts clés du nunchi ne vous seront pas utiles dans les pays occidentaux ? Vous êtes-vous déjà demandé pourquoi, dans le monde des affaires, beaucoup de discussions ont lieu pendant une partie de golf ou pourquoi le premier rendez-vous se passe généralement autour d'un repas ? Pour gagner du temps ? Non : c'est à cause de l'idée implicite qu'on peut en apprendre beaucoup sur les gens en regardant comment ils se comportent sur un parcours ou au restaurant.

Le nunchi n'est rien d'autre qu'une forme d'intelligence émotionnelle. Tout le monde sait à quel point c'est important dans tous les aspects de la vie, de l'éducation des enfants à la réussite professionnelle, mais en pratique, beaucoup de gens en rient discrètement. Si ces personnes savaient que des civilisations entières reposent sur le nunchi, elles seraient peut-être un peu moins sceptiques.

Il fut un temps où le nunchi faisait partie intégrante de la philosophie et de la religion occidentales classiques. Bien sûr, personne n'appelait ça comme ça. Mais les valeurs du nunchi étaient bien présentes. Elles étaient extrêmement importantes pour les stoïciens grecs et romains tels que Marc Aurèle, l'empereur de Rome de 161 à 180 après Jésus-Christ. Dans ses *Méditations*, il prodigue des conseils tout à fait conformes aux principes du nunchi, par exemple : « La première règle est de garder l'esprit clair. La seconde est de regarder les choses sans faux-semblant et de les voir telles qu'elles sont. » Dans la Bible, les Proverbes soulignent que « qui parle trop, offense inévitablement ; sage est celui de peu de mots ».

Les principes « nunchiesques » étaient tout aussi présents dans les temps du christianisme. Certains saints, notamment au Moyen Âge, utilisent les notions similaires de « discernement » ou de « discrimination ». Ainsi, un saint oriental du VIIe siècle, Jean de Damas, a écrit que « le discernement est la plus grande des vertus ; la reine et la couronne de toutes ». Selon le moine bénédictin Alcuin Reid, du monastère Saint-Benoît, qui a rédigé de nombreux écrits théologiques, « dans un contexte religieux, le discernement est le processus par lequel nous nous libérons de nos désirs et nous affranchissons de nos préjugés pour déterminer la volonté de Dieu dans chaque situation. La clé, c'est pour l'observateur de considérer chaque élément de façon dépassionnée avant de prendre une décision. Faire comme bon nous semble n'est pas faire preuve de discernement ».

En réalité, il n'est pas évident de dépasser les idées préconçues mais, en en prenant conscience, il est au moins possible d'analyser si nous agissons par intérêt personnel ou pour le bien de tous. Qu'on se soucie de la volonté divine ou pas, il est à la portée de chacun de s'habituer à prendre de la hauteur et à observer une situation avec discernement.

Ces conceptions occidentales traditionnelles sont parfaitement comparables au nunchi. Pourtant, de nos jours, les tenants de la quiétude et du discernement ne sont plus très en vogue. Dans les pays occidentaux, on met l'accent sur la nécessité de « croire en soi » et sur l'idée qu'il faut faire prévaloir ses besoins individuels, et ce dès le plus jeune âge. La confiance en soi, c'est très bien mais ne se préoccuper que de soi-même peut conduire à oublier les liens qui nous permettent de faire société – nos responsabilités vis-à-vis des autres. Il est tout à fait possible de traiter les autres comme on voudrait qu'ils nous traitent plutôt que d'attendre que le monde nous offre le respect qu'on estime être en droit de recevoir, sans que cela implique pour autant de se renier.

Les principes du nunchi peuvent passer pour politiquement incorrects aujourd'hui, notamment parce qu'ils impliquent de se faire une idée sur les gens à partir de très peu d'informations concrètes. Certes, mais c'est la même chose dans une très grande majorité des situations de la vie de tous les jours et, pourtant, il faut quand même se débrouiller. Le nunchi peut vous aider à appréhender le monde avec discernement et sans *a priori*.

UN PETIT QUIZ

Qu'est-ce qui, à votre avis, relève d'un nunchi rapide ?

A. Vous êtes en train de prendre le thé chez des amis, votre hôte vous dit : « Je ne suis pas sûr d'avoir assez d'agneau pour tout le monde mais reste dîner à la maison si tu veux. » Vous lui répondez : « Pas de problème, je mangerai juste les légumes. »
B. En réunion, votre collègue termine sa présentation en disant : « À moins que vous n'ayez des

questions, je pense que nous pouvons tous partir déjeuner. » Et là, vous dites : « En fait, moi j'ai une question. »

C. Vous avez remarqué que votre patron enchaîne les barres chocolatées quand il est de mauvaise humeur donc, avant de demander une promotion, vous jetez un coup d'œil dans sa corbeille à papier pour voir s'il y a jeté des emballages.

D. En entrant dans une pièce, la première chose que vous faites, c'est de lancer une vanne.

La bonne réponse est la réponse C. Vous avez pris le temps d'évaluer la situation pour « lire » l'humeur de votre boss, ce qui vous a permis de réduire la probabilité d'un refus.

Le scénario A, c'est ce qu'il y a de pire pour un hôte. Il vous a fait comprendre qu'il ne souhaite pas que vous restiez. Si vous vous dites « Eh bien il n'avait qu'à me le dire clairement, si c'est ce qu'il voulait », vous ne faites pas preuve de beaucoup de courtoisie et vous exigez des autres qu'ils réagissent comme vous. Vous n'êtes pas chez vous quand même ! Votre hôte a choisi de privilégier la politesse en ne vous brusquant pas, vous devez respecter cela.

Dans la situation B, en entendant « déjeuner », il fallait garder votre question pour vous.

Pour le D, à moins que tout l'immeuble ne soit en train de brûler, ce n'est jamais une bonne idée d'entrer dans une pièce et de dire quoi que ce soit avant d'y avoir jeté un coup d'œil. Si les gens sont en train de parler de la dernière attaque terroriste, vous aurez l'air de quoi ? D'ailleurs, je vous recommande de ne jamais commencer une conversation par une blague. Personne ne vous reprochera de ne pas jouer les boute-en-train.

CHAPITRE 3

CE QUI BLOQUE VOTRE NUNCHI

Si vous voulez vraiment améliorer des choses dans votre vie, vous devez commencer par analyser les valeurs culturelles dans lesquelles vous baignez et qui peuvent constituer des obstacles. Tout le monde a du nunchi mais, pour l'exploiter pleinement, il faut interroger les préceptes qu'on vous a inculqués depuis l'enfance ; je les appelle des « bloqueurs de nunchi ». Beaucoup de gens ne réalisent pas qu'en privilégiant certains traits culturels par rapport à d'autres, ils limitent leur capacité à lire les autres et à se « connecter » avec eux. En voici quelques exemples particulièrement répandus dans les pays occidentaux :

– on valorise l'empathie au détriment de l'intelligence des choses ;
– le bruit est préférable au silence et au calme ;
– il vaut mieux être extraverti qu'introverti ;
– les caractères plus affirmés l'emportent sur les tempéraments plus en rondeur ;
– l'individualisme est préférable au souci du collectif.

Examinons chacune de ces préconceptions une par une pour comprendre comment elles bloquent votre nunchi. J'en profite pour souligner que, s'il est vrai qu'il est en général très difficile de se défaire de ses biais culturels, en prendre conscience améliorera quand même votre nunchi.

BLOQUEUR DE NUNCHI N° 1 : L'EMPATHIE PLUTÔT QUE L'INTELLIGENCE DES CHOSES

L'enfer est pavé de bonnes intentions. Cela ne veut pas dire que l'empathie et le nunchi n'ont pas de points communs : dans les deux cas, l'objectif est de comprendre l'état d'esprit ou le ressenti d'une autre personne pour qu'elle aille mieux. Le problème, c'est que dans la civilisation occidentale, on accorde trop d'importance à l'empathie. Sans qu'on sache très bien pourquoi, l'empathie est considérée comme la vertu cardinale, l'alpha et l'oméga des relations humaines. Bien sûr, sans une certaine capacité d'empathie, difficile d'espérer passer pour quelqu'un de bien mais il n'en demeure pas moins que, si on s'arrête là, elle ne sert pas à grand-chose. En effet, à bien y réfléchir, elle n'est pas exempte d'égoïsme et, à mon sens, elle nuit à la bonne intelligence des choses : ce sont les sentiments de la personne en empathie qui comptent, *les vôtres*, pas ceux de celle qui souffre !

Pour bien faire la différence avec le nunchi, voici un petit tableau pour y voir plus clair.

Nunchi	Empathie
Nécessite parfois de prendre sur soi par égard pour les autres même si on est mal à l'aise (point commun avec l'empathie)	Nécessite parfois de prendre sur soi par égard pour les autres même si on est mal à l'aise (point commun avec le nunchi)
Se focalise sur la pièce dans son ensemble	Se focalise sur la personne avec laquelle on est en train de parler ou sur un groupe homogène (par exemple, une minorité ou un pays en crise en particulier)
Le silence est parfois la meilleure option	On est en général censé parler en présence de la personne qui souffre
On observe tout en essayant de garder une forme de distance sur le plan mental	On essaie de rentrer à l'intérieur de la tête de l'autre personne
Pas de dimension morale	Selon les valeurs sociétales et religieuses dominantes, l'empathie est « la bonne façon de réagir »
On peut rester neutre sur le plan émotionnel	Dimension émotionnelle forte, ce qui peut conduire les autres à vous manipuler

Neutre du point de vue du genre	Souvent considérée comme un trait de caractère féminin
La vitesse joue un rôle essentiel	La vitesse n'est pas importante

Comme vous pouvez le constater, même s'il faut un peu des deux pour bien s'entendre avec les gens ou tout simplement les comprendre, l'empathie et le nunchi divergent sur plusieurs points. À titre personnel, en tant que petite fille asiatique chouchou des profs, je peux vous dire qu'en de nombreuses occasions, il y a des gens qui ont essayé d'utiliser contre moi l'empathie que je pouvais ressentir. Quand quelqu'un m'a dit que je ne faisais pas assez « preuve d'empathie », une fois sur deux, c'était en fait pour me reprocher mon indocilité. Et, si ce n'était pas ça, le but était tout simplement de me faire baisser la garde pour me manipuler.

L'empathie sans nunchi, c'est comme des mots sans grammaire ou sans syntaxe – ça n'a pas de sens. Vous avez déjà essayé d'acheter un tapis au souk ? Combien de fois pendant la négociation le vendeur vous a-t-il dit qu'il fallait qu'il nourrisse sa famille ? D'accord, il faut bien qu'il gagne sa vie. Mais s'il n'y arrive pas autrement qu'en se faisant une marge de 10 000 % sur un truc qui répand une odeur épouvantable et qui servait encore de selle à un chameau la semaine dernière, il y a un problème !

Pas question que je me fasse prendre à ce petit jeu. Il met mon empathie sur la table ? Eh bien, moi je le relance avec mon nunchi !

On entend souvent parler de pervers narcissiques, de sociopathes et autres psychopathes. Ils manquent tous d'empathie, c'est leur point commun. Mais avoir *trop* d'empathie, ce n'est pas mieux : cela peut justement faire de vous leur victime ! Ainsi, dans les violences domestiques, il n'y a rien de plus dangereux que l'empathie. L'empathie peut tuer. On sait que les personnes violentes prennent pour cible celles qui ont le plus d'empathie parce qu'elles sont plus susceptibles d'excuser des comportements inacceptables de la part de quelqu'un qui est « fatigué » ou « a eu une enfance difficile ».

Au contraire, le nunchi peut vous aider à vous rendre compte de ce qui se passe avant qu'il ne soit trop tard. Cela peut vous sauver la vie.

L'approche coréenne en matière d'empathie

Bien évidemment, les Coréens ne sont pas des monstres et, pour eux aussi, l'empathie est importante. Il y a un proverbe qui dit : « Déplace-toi et réfléchis » (c'est un dicton d'origine chinoise, qui se prononce *Yuk ji sa ji* en coréen). En d'autres termes : « Regarde les choses sous un autre angle ». L'équivalent en français serait « Mets-toi à sa place ». Mais justement, ce n'est pas exactement la même chose : « Déplace-toi et réfléchis », cela veut dire simplement « Bouge » ou, en langage nunchi,

« Prends de la hauteur pour mieux voir ce qui se passe, comme un chat » – tandis que l'expression française « Mets-toi à sa place » recommande de « faire comme si *on était l'autre personne* ». Je n'ai jamais été très à l'aise avec cette idée. « Se mettre à la place de », c'est le meilleur moyen de s'attirer des ennuis. Et puis, n'est-ce pas un peu invasif ? Il n'y a pas besoin d'aller jusque-là pour comprendre quelqu'un.

Quand on se met à la place de quelqu'un, on compromet sa propre capacité à voir le problème – et la situation au sens large – avec objectivité. Comme l'a dit Guy de Maupassant, le seul endroit depuis lequel Paris est méconnaissable, c'est depuis la tour Eiffel. Si on est vraiment « à la place de » quelqu'un, il est impossible d'être objectif parce qu'on est trop près du problème. Il est d'ailleurs tout à fait possible que, même avec toute l'empathie dont vous êtes capable, vous vous retrouviez à court d'idées tout simplement parce que, votre expérience personnelle n'étant jamais exactement la même que celle de l'autre, vous n'arrivez pas à vous imaginer dans la situation dans laquelle la personne se trouve. Là, qu'est-ce que vous faites ? Vous dites juste : « Désolé, je ne sais pas quoi de te dire » ?

S'il se met complètement à sa place, un chirurgien ne peut pas opérer un patient ! Une de mes amies est médecin. Elle refuse de me prendre comme patiente. Pourquoi ? Parce que son excès d'empathie à mon égard l'empêcherait de faire le bon diagnostic.

Un vrai expert en nunchi est capable de percevoir les émotions d'une autre personne, qu'il ait des choses en commun avec elle ou non, parce qu'utiliser son nunchi permet de comprendre ce qui se passe même si on n'a pas de liens particuliers avec l'autre – et même si on ne parle pas la même langue.

BLOQUEUR DE NUNCHI N° 2 : LE BRUIT EST PRÉFÉRABLE AU SILENCE ET AU CALME

Dans les cultures occidentales, observer les choses en silence n'est pas bien vu, à tel point que si quelqu'un prend le temps de réfléchir avant de répondre, on va lui dire « Allô la Terre ? Il y a quelqu'un ? » Si on est toujours en train de s'agiter et qu'on ne peut pas s'empêcher de parler, le nunchi ne peut pas marcher. Pour bien le comprendre, il faut accepter l'idée qu'il n'y a pas que la culture qui entre en ligne de compte : le nunchi comprend une dimension proprement biologique.

Il nécessite d'être pleinement à l'écoute de ses cinq sens, de ce que l'on ressent aussi bien au fond de ses tripes (l'intestin est notre « deuxième cerveau » si l'on en croit certains gourous modernes) que de ce que nous dit, spontanément, notre bon vieux cerveau raisonnable.

Pour aller vite, le cerveau est constitué de trois parties. Le néocortex – qui pilote notre raison – est la partie la plus importante chez les primates.

Il est apparu en dernier au cours de notre évolution et c'est le néocortex qui met le plus de temps à se développer au cours de la vie. En d'autres termes, c'est le benjamin qui se croit le plus malin. La deuxième partie, appelée système limbique, qu'on trouve chez tous les mammifères, contrôle les émotions. Et la dernière, la plus ancienne, est le cerveau reptilien, siège de l'instinct et de la survie. Le nunchi sollicite les trois parties du cerveau mais moins le néocortex que les deux autres. De nos jours, dans les pays occidentaux, on a tendance à survaloriser le néocortex. Et c'est normal puisque c'est ce qui fait de nous des humains. Le problème, c'est que plus le néocortex est développé, plus il fait du bruit et empêche d'entendre les messages non moins importants envoyés par le reste du cerveau et du corps. Pour être plus réceptif à ce que disent les parties plus anciennes, plus calmes, plus instinctives, il faut apprendre à mettre en sourdine la partie plus jeune, plus impétueuse de son cerveau (qu'on appelle parfois « esprit singe » parce qu'elle se focalise sans arrêt sur quelque chose de nouveau). C'est pour cela que philosophes et guides spirituels, de Bouddha à Jésus en passant par Marc Aurèle, les talmudistes, les premiers chrétiens ou encore Eckhart Tolle, prônent la méditation, la prière et la recherche du calme intérieur. Y parvenir est le meilleur moyen d'utiliser son nunchi.

Atteindre le calme intérieur est à la fois simple et difficile. Certains sont réfractaires à l'idée de méditer ou de prier et je ne vais pas essayer de les faire changer d'avis. Si vous êtes de ceux-là, rassurez-vous : il y a des méthodes « laïques » pour vous aider à retrouver le calme intérieur.

Vous pouvez par exemple faire ce que je fais quand je sens que mon cerveau commence à surchauffer : dans ma tête, je répète ou je résume ce que la personne est en train de me dire. Cela me permet de me concentrer et de ne pas l'interrompre tout en me donnant l'air d'être complètement concentrée sur ce qu'elle me dit – je le suis vraiment ! Écouter attentivement quelqu'un est d'ailleurs la meilleure façon de gagner sa confiance et son affection parce que, comme beaucoup de grands esprits l'ont remarqué avant moi, les gens ont autant besoin de se sentir écoutés que de manger ou de boire. Pour la plupart des gens, le plus important n'est pas que vous soyez d'accord avec eux mais juste que vous les écoutiez.

BLOQUEUR DE NUNCHI N° 3 : IL VAUT MIEUX ÊTRE EXTRAVERTI QU'INTROVERTI

On part trop souvent du principe que les personnes extraverties sont en pleine forme et épanouies quand les introvertis seraient tristes, voire asociaux.

Il n'est pas rare qu'au sein d'un couple, la même scène de ménage se répète encore et encore à chaque événement social, le plus extraverti des deux reprochant à l'autre de rester à l'écart alors que tous leurs amis sont là. La plupart du temps, l'un forcera la main à l'autre et l'obligera à sortir de sa réserve pour aller « remplir ses obligations » sociales.

Dans ce genre de situation, est-ce que les extravertis ne devraient pas se poser des questions ? Qu'est-ce qui leur fait dire que les personnes introverties ne contribuent pas positivement à l'ambiance générale ? S'ils sont mal à l'aise face à des personnes plus discrètes, à qui la faute ? Au XIXe siècle, tout le monde se retrouvait dans le salon parce que c'était la pièce la mieux chauffée de la maison et chacun vaquait à ses occupations et pouvait broder, se reposer ou jouer au whist sans que cela dérange personne.

Si vous en avez l'occasion, essayez de discuter un peu avec ceux qui restent en retrait. En apprenant à les connaître, vous vous rendrez compte qu'ils comprennent peut-être mieux que les autres les dynamiques qui régissent votre cercle d'amis. Parce qu'ils se tiennent un peu à l'écart, ils peuvent mieux observer ce qui se passe dans la pièce et capter toutes les subtilités des interactions et de la communication non verbale qui échappent aux autres.

BLOQUEUR DE NUNCHI N° 4 : LES CARACTÈRES PLUS AFFIRMÉS L'EMPORTENT SUR LES TEMPÉRAMENTS PLUS EN RONDEUR

Quand j'étais petite, l'un de mes livres préférés était *James et la Grosse Pêche* de Roald Dahl. Un petit garçon orphelin, James, fait tomber les langues de crocodile qu'on lui a données, elles se transforment en une pêche gigantesque dans laquelle il part en voyage autour du monde, accompagné d'une improbable équipe d'énormes insectes mutants. Dans une des scènes, des requins attaquent la pêche au large du Portugal mais – soupir de soulagement – elle est trop grosse et trop ronde pour la mâchoire des requins, ce qui fait que tout finit bien.

Cette histoire me fait penser au nunchi parce qu'être comme la pêche de James, c'est vraiment un des buts qu'on doit se fixer si on veut le pratiquer : elle est tout en rondeur, ferme, sans aspérités par lesquelles quelqu'un pourrait l'attraper et la manipuler. Inspirez-vous-en : ne donnez pas d'angle d'attaque aux requins.

Dans les sociétés occidentales, au contraire, on encourage plutôt les caractères plus affirmés. C'est logique : les gens jouent des coudes pour qu'on les remarque et souvent, ça marche. Mais avoir les coudes trop pointus n'est pas sans conséquence : d'abord, cela peut heurter les autres, que vous le vouliez ou non et, ensuite, cela donne des « prises » qui sont autant de « poignées » que les gens peuvent saisir et qu'ils ne lâcheront pas de sitôt. Essayez une approche plus en rondeur, vos interactions n'en seront que plus simples et agréables.

Il ne s'agit pas de changer radicalement votre façon de faire : c'est plus dans la façon d'être que tout se joue. Comment être plus « en rondeur » ? La prochaine fois que vous devez faire face à une situation conflictuelle, ne répondez pas du tac au tac. Commencez par respirer profondément et posez-vous ces deux questions avant de faire quoi que ce soit : « Qu'est-ce que je suis en train de faire et pourquoi ? »

Vous ne trouvez pas ça révolutionnaire ? En tout cas, ça marche. La réponse à ces questions n'a pas vraiment d'importance. En vous demandant ce que vous êtes en train de faire, vous sortez de vous-même pour connecter votre esprit à l'environnement extérieur – vous enclenchez un mouvement circulaire.

Immédiatement, les choses se remettent en place dans votre cerveau, comme un bateau qui, d'un coup, arrête de tanguer malgré la houle. Vous étiez sur le point de faire un reproche à un collègue sur la qualité de son travail ? Demandez-vous ce que vous êtes en train de faire et pourquoi. Cela ne veut pas dire qu'il ne faut rien dire si votre collègue est incompétent, au contraire ; rien ne dit que ce ne serait pas mérité. Mais l'interaction a beaucoup plus de chances de tourner à votre avantage si vous

vous êtes posé la question avant. Si vous décidez quand même de ne pas mâcher vos mots, cela vous permettra de mieux contrôler la situation alors que, si vous ne vous posez pas de question, vous vous mettez en situation d'instabilité et risquez d'agir dans la confusion. Essayez de dessiner un cercle quand vous êtes sur un bateau pris dans les vagues : c'est impossible. Vous n'arriverez qu'à faire un truc informe avec des pointes et des creux.

BLOQUEUR DE NUNCHI N° 5 : L'INDIVIDUALISME EST PRÉFÉRABLE AU COLLECTIVISME

En Corée, si un enfant se montre impatient – par exemple, en disant « J'en peux plus d'attendre ! J'ai faim » pendant que tout le fait la queue au buffet, ses parents ne vont pas lui dire « Pauvre chou ! Tiens, j'ai des raisins dans mon sac, je les ai épluchés exprès pour toi ». Ils ne vont pas le rater : « Tu crois que tu es le seul ? » (l'expression en coréen se dirait *SEH-sang-eh NUH man ee-SO*). Cela arrive très souvent. C'est une façon de dire : « Bah oui, tout le monde a faim et tout le monde fait la queue ! Tu aurais remarqué si tu avais un tant soit peu de nunchi ! » ou encore : « Il n'y a pas que toi ! » C'est quelque chose de très important dans l'éducation coréenne et c'est aussi un concept clé dans le nunchi.

Les Coréens l'apprennent à leurs enfants de différentes manières. Par exemple, dans les écoles, la plupart du temps, il n'y a pas de personnel de ménage. Les élèves sont répartis en plusieurs groupes qui ont la charge du nettoyage de la classe à tour de rôle chaque jour de la semaine après les cours. Cela permet de faire comprendre plusieurs choses aux enfants. Premièrement, plus on a fait attention, moins il faut de temps pour nettoyer. Deuxièmement, ils réalisent que leur classe est comme une ruche : ce qui est bon pour l'un des membres du groupe est bon pour tout le groupe.

En 2017, la vidéo d'un accident de la route dans un long tunnel de Corée du Sud a fait un carton sur le Net. En un rien de temps, tous les conducteurs bloqués dans le tunnel ont déplacé leur voiture pour dégager « un couloir de secours » et permettre aux ambulances d'atteindre les blessés le plus rapidement possible. Ils ont tous rangé leur voiture contre le mur du tunnel pour faire de la place au milieu de la voie. D'autres vidéos ont montré la même chose en Chine et en Allemagne. C'est assez bluffant et, à l'évidence, cela ne peut se produire que dans une culture qui accorde plus d'importance au collectivisme qu'à l'individualisme.

Dans certaines cultures – celles qui mettent l'individualisme au-dessus de tout –, la construction d'un « couloir de secours » serait impossible. Trop de conducteurs auraient manqué du nunchi nécessaire pour comprendre ce que les autres étaient en train de faire. Ou, en voyant les autres bouger leur voiture, ils se seraient dit : « Mais qu'est-ce qui leur prend ? Ah chouette, la voie est dégagée, il faut que j'en profite pour m'échapper ! » et, par leur faute, les ambulances se seraient retrouvées bloquées dans le trafic. Les victimes ne leur disent pas merci…

Pour beaucoup de gens le mot « collectivisme » est suspect. Certains d'entre vous ont peut-être même tiqué ou revu dans leur tête les images de la propagande soviétique. Ne vous inquiétez pas : personne ne vous demande d'arrêter d'être individualiste ; il faut juste accepter l'idée qu'on fait partie d'une ruche.

La prochaine fois que vous assistez à un événement sportif ou que vous regardez un match à la télé, essayez de faire attention aux moments où on a l'impression que tous les spectateurs pensent la même chose en même temps : par exemple, pendant les matchs de baseball ou de la Coupe du monde de foot, les gens font la ola, c'est-à-dire qu'ils se lèvent et se rassoient, rangée après rangée de façon coordonnée pour créer une sorte de vague dans les gradins ; c'est la même chose quand les fans commencent à chanter *Swing Low, Sweet Chariot* pendant les matchs de l'équipe d'Angleterre de rugby. Qui décide de commencer la ola ? Qui leur dit de commencer à chanter ? Qu'est-ce qui fait que tous les spectateurs décident de suivre le mouvement ? Personne ne le sait. Ces exemples montrent que nous sommes habités par le collectif. Par extension, cela veut dire que la façon dont nous

nous comportons influence le comportement des autres, que nous le voulions ou non.

Je n'essaie pas de vous faire vous départir de vos préconceptions – nous avons tous en nous des *a priori* de toutes sortes. Mais en prendre conscience est la première étape pour améliorer son nunchi. Cette « prise de conscience » n'est pas un de ces mots fourre-tout modernes et énervants ; c'est un message que vous envoyez à votre cerveau pour lui dire que vous êtes prêt à faire ce qu'il faut pour que les choses aillent aussi bien que possible dans votre vie.

QUIZ

Je vous ai bien eu. Pas de quiz pour ce chapitre : pour dépasser ses *a priori,* il faut s'ouvrir l'esprit en se posant les bonnes questions ; c'est beaucoup mieux que de trouver les bonnes réponses !

Autrement dit : la question, c'est la réponse.

CHAPITRE 4

ZÉRO NUNCHI, OU COMMENT PERDRE SES AMIS ET FAIRE FUIR LES GENS

Lloyd (personnage joué par Jim Carey) : Honnêtement, quelles sont les chances pour qu'un gars comme moi et une fille comme toi finissent ensemble ?
Mary : Pas très élevées.
Lloyd : Genre 1 sur 100 ?
Mary : Plutôt 1 sur 1 000 000, en fait.
Lloyd : Ah donc, il y a quand même une chance !

Dumb and Dumber[4].

Tous les Coréens vous diront qu'un mauvais nunchi se remarque encore plus qu'un bon nunchi. Quand quelqu'un en manque, les gens lèvent les yeux au ciel, se regardent avec consternation ou envoient des coups de pied au coupable sous la table pour lui faire comprendre qu'il est le seul à ne pas voir ce qui ne va pas.

En voici un exemple. Au cours d'un dîner entre amis au restaurant, tout le monde boit du vin sauf Hélène qui ne commande que de l'eau pétillante. Parmi les convives, il y a Hazel dont le manque de nunchi est proverbial. Que fait Hazel ? Elle n'arrête pas de proposer du vin à Hélène qui a pourtant dit à plusieurs reprises qu'elle ne voulait que de l'eau. Les autres lui font des signes mais elle continue. Un peu plus tard, quand elle apprend qu'Hélène a longtemps eu des problèmes avec l'alcool, Hazel s'écrie : « Comment j'étais censée savoir ? Elle n'avait qu'à me le dire ! » À aucun moment elle ne se dit qu'Hélène ne tient pas à étaler sa vie privée en public. Pourtant, c'était à elle de lire la situation correctement et d'agir en conséquence.

Avant de parler, Hazel aurait dû se poser les questions suivantes :

1. (Nunchi minimum) J'ai bien regardé les expressions sur le visage d'Hélène. Est-ce que mes remarques ont l'air de la mettre mal à l'aise ? REGARDER LES EXPRESSIONS DU VISAGE ? MAIS PERSONNE NE FAIT ÇA ! → Game over.

2. (Nunchi moyen) Est-ce que le mari d'Hélène a l'air surpris qu'elle ne boive pas de vin ? NON → Il la connaît bien et il trouve ça normal, donc tout va bien.

3. (Expert en nunchi) Est-ce qu'Hélène boit lentement son eau pétillante ou est-ce qu'elle commande bouteille après bouteille ? SECONDE SOLUTION → Cette manière compulsive de boire ressemble à celle de quelqu'un qui a eu un problème avec l'alcool.

Est-ce que vous avez remarqué que dans 90 % des cas, quand quelqu'un dit « Je ne lis pas dans les pensées ! Ce n'est pas de ma faute ! », en fait ça l'est ? Ce genre de remarque est caractéristique des gens qui n'ont pas de nunchi. Et évidemment, cette attitude a des conséquences sur la vie en société, sur le plan professionnel ou même en matière de bien-être. Si vous n'avez pas de nunchi, *les gens vont littéralement vous détester* (je n'exagère pas) *de façon irrationnelle* sans savoir pourquoi. Dans le meilleur des cas, ils essaieront juste de ne pas se trouver dans la même pièce que vous.

En général, en présence d'une personne qui n'a pas beaucoup de nunchi, on réagit comme face aux personnes qui ont mauvaise haleine : on est un peu embêté, on ne sait même peut-être pas trop pourquoi on est mal à l'aise mais on n'a juste pas très envie de se retrouver en sa présence et on n'a qu'une hâte, c'est qu'elle s'en aille.

Mais est-ce que vous êtes capable de dire vous-même si vous avez un mauvais nunchi ?

S'il est vraiment mauvais, il est probable que non. C'est par extension ce que les psychologues appellent l'effet Dunning-Kruger, le biais cognitif qui explique que les personnes vraiment faibles intellectuellement ne peuvent même pas se rendre compte à quel point elles le sont.

La bonne nouvelle, c'est que si vous avez assez de recul sur vous-même pour lire ce livre, cela montre déjà que vous voulez prendre les choses en main ; donc, vous êtes capable d'améliorer votre nunchi.

Si vos amis ou vos proches vous aiment assez pour vous dire que vous manquez de nunchi, vous avez de la chance. En réalité, il est peu probable que quelqu'un vous le dise directement. Quand vous leur demandez directement : « Pourquoi tout le monde est énervé contre moi ? », ils vous répondront peut-être : « Je ne sais pas vraiment. »

En Corée, les gens disent parfois qu'ils n'apprécient pas quelqu'un qui leur donne un mauvais *kibun*, un mot qui désigne une sensation désagréable qu'on ressent dans tout le corps. Si vous dites à une copine que vous ne voulez pas sortir avec M. Beaugosse, avec qui vous alliez à l'école, parce qu'il vous donne un mauvais *kibun*, elle comprendra tout de suite et n'insistera pas. Tout le monde accepte qu'il faut faire confiance à son nunchi pour ce genre de choses, sauf peut-être M. Beaugosse qui ne comprend pas pourquoi ça marche moyen avec les filles.

Heureusement, si vous n'avez pas un très bon nunchi, tout n'est pas perdu. Comme le dit la sagesse populaire, la première étape pour résoudre un problème, c'est de reconnaître qu'on a un problème. Voici quelques questions pour vous aider à voir où vous en êtes. Est-ce que vous vous êtes déjà retrouvé dans une des situations suivantes ?

1. On vous a déjà dit les choses suivantes : « Oui, merci pas la peine de répéter, on t'avait entendu la première fois » ; « Tu veux quoi ? Une médaille ? ».

2. Vous êtes dans une pièce avec vos collègues et vous attendez que la réunion commence. Pour mettre un peu l'ambiance, vous dites : « C'est encore une de ces réunions débiles montées par Georges alors qu'on aurait pu régler le problème par e-mail ? » Et là, vous voyez Georges qui vous fait coucou depuis l'autre bout de la pièce.

3. Un jeudi matin, vous faites remarquer à votre collègue qu'il est en retard et, deux minutes après, quelqu'un vous dit : « Tu n'es pas au courant que depuis septembre, il emmène sa mère faire sa chimio tous les jeudis matin ? »

4. Les gens se regardent les uns les autres plusieurs fois pendant que vous parlez.

5. Quand vous avez fini de parler, personne ne dit rien pendant un petit moment et vous ne comprenez pas pourquoi.

Si vous reconnaissez au moins trois de ces scénarios, bosser votre nunchi ne vous ferait pas de mal. En fait, si vous ouvrez bien les yeux et les oreilles, les réponses sont devant vous. Avoir l'impression que les autres sont injustes avec vous et vous demander pourquoi vous ne voyez jamais arriver les ennuis, ce n'est pas une fatalité. Avec du nunchi, c'est plus simple de s'en sortir et de garder le contrôle.

LE MANQUE DE NUNCHI EN HUIT ARCHÉTYPES

Regardez les premiers épisodes de chaque saison de l'émission *Nouvelle Star* ou d'un autre programme de recherche de « talents » : cela vous donnera une bonne idée de ce que c'est de ne pas avoir de nunchi. Les producteurs font exprès de faire monter sur scène des gens qui non seulement chantent mal – ce ne serait pas très original – mais en plus se prennent pour Pavarotti. En d'autres termes, des gens qui n'ont pas de nunchi.

Partout dans le monde, ces émissions exploitent le même filon : faire passer une audition à des candidats dont le nunchi ne saute pas vraiment aux yeux. Et tout le monde adore ça ! Pourquoi ? En général, on se sent un peu coupable de se moquer de quelqu'un qui chante très mal mais si, en plus d'être nul(le), il ou elle se trouve vraiment très fort, alors là, pas de problème, on peut se déchaîner. Dans ces cas-là, la diva autoproclamée en question est doublement sourde : au sens littéral mais aussi au sens figuré parce qu'elle continue alors que tout le monde se moque. Soit parce que ses amis n'osent rien lui dire, soit parce qu'elle n'a pas d'amis (ou alors il faut les croire quand ils disent qu'il y a un problème !). C'est humain : on se dit que si une personne fait comme si les gens qui l'entourent n'existaient pas, elle peut difficilement espérer l'indulgence du public…

Personne n'a envie de se retrouver dans la position d'un candidat à *La Nouvelle Star*. Dans ce genre de situation, il ne faut surtout pas faire comme si de rien n'était, sauf si on veut prendre le risque de voir ses amis s'éloigner un par un sans autre forme de procès.

En plus, s'entêter est le meilleur moyen de ne pas apprendre à mieux chanter (ou autre chose) ou de passer à côté d'un autre hobby dans lequel on pourrait vraiment être bon. Le meilleur service à vous rendre si vous voulez améliorer votre nunchi, c'est écouter ce que les autres vous disent avant de décider quoi faire. Quand quelqu'un vous fait une remarque pour vous faire comprendre que vous n'avez pas fait preuve de nunchi, même si cela ne fait pas plaisir, il faut dire merci. C'est plutôt sympa de la part de cette personne de vous avertir que vous vous exposez vous-même au ridicule. Ne lui reprochez pas de ne pas vous l'avoir dit « avant » : avant quoi ? C'est comme quand vous avez quelque chose coincé entre les dents – c'est un peu gênant quand quelqu'un vous le dit mais c'est toujours mieux que de ne pas le savoir et de sourire à pleines dents à toutes les personnes que vous croisez.

Prenez la démarche pour ce qu'elle est : une opération de sauvetage, *votre* sauvetage !

À mon sens, il y a plusieurs sous-catégories de gens pas doués en nunchi. En voilà huit. Vous y reconnaîtrez peut-être un ami, votre meilleur ennemi ou encore un collègue.

Archétype n° 1 : ceux qui ne savent pas lire une pièce

C'est la variété la plus répandue ; le coupable est souvent plus maladroit que mal intentionné. Il ne pense pas à regarder ce qui se passe parce qu'il est anxieux et trop concentré sur lui-même. Prenons l'exemple de Catherine, plutôt gentille mais qui oublie régulièrement de « lire » la pièce où elle se trouve et cela lui cause du tort même si elle ne s'en rend pas compte. Au moment où son collègue Ben met une photo de lui avec un autre homme comme fond d'écran sur son ordinateur, elle lui envoie : « Hé, Ben, tu fais ça à chaque fois que tu changes de mec ? T'as trop de temps libre ou quoi ? » Et là, plus personne ne bouge. Ben sort de la pièce en se pinçant la lèvre. Les collègues de Catherine la mettent au courant : « Le type sur la photo, c'était son compagnon. Il est mort il y a quelques mois d'un problème au rein. T'étais sur une île déserte ? »

Bien sûr, quand Ben revient, Catherine va se confondre en excuses et le supplier de la pardonner. Elle va même lui acheter des chocolats pour lui montrer à quel point elle est désolée. Mais le mal est fait. Est-ce qu'on peut reprocher à Catherine de n'avoir pas été au courant de la mort du petit ami de Ben ? Peut-être pas. Mais comment expliquer qu'elle ait été la seule dans l'équipe à ne pas le savoir ?

Ben a pris un congé quand ça s'est produit et apparemment, Catherine n'a rien remarqué. Et puis, si elle avait été attentive, elle aurait vu qu'au moment où Ben a mis la photo, tout le monde a eu l'air touché. Et puis, au fait, elle était vraiment obligée de faire un commentaire sur son nouvel écran d'accueil ?

Catherine n'a pas manqué de nunchi qu'une seule fois : elle a enchaîné les faux pas parce qu'elle n'a pas regardé ce qui se passait autour d'elle depuis des mois. Elle n'a peut-être voulu blesser personne mais son indélicatesse a pu apparaître à certains comme délibérée. Donc faites attention et ouvrez les yeux !

Archétype n° 2 : romantique ? Non : juste lourd

Peut-être en partie à cause des comédies romantiques du genre de celles que commet régulièrement Richard Curtis (*Love Actually* est peut-être la pire), il y a une croyance largement répandue : déclarer votre flamme devant tout le monde au risque de mettre l'élu de votre cœur dans l'embarras serait le meilleur moyen de le convaincre de sortir avec vous. Ça vaut pour les hommes comme pour les femmes. En fait, ce n'est absolument pas romantique. C'est juste caractéristique d'une vision égocentrique du monde. Prenons l'exemple de Rainer, un chanteur d'opéra qui a décroché un premier rôle. La première représentation est un triomphe : le public lui fait une *standing ovation*, son père et sa grand-mère de quatre-vingt-dix ans assis au premier rang sont tellement fiers qu'ils en ont les larmes aux yeux. C'est une soirée inoubliable pour Rainer ; rien ne semble pouvoir venir la gâcher.

Mais il y a Ashleigh, une ancienne petite amie un peu instable qu'il n'a pas vue depuis dix ans. Au moment où tout le monde le congratule, elle monte sur scène et lui offre un énorme bouquet de fleurs. Sauf que Rainer ne comprend pas ce qui se passe : il reconnaît à peine Ashleigh et, quand elle se jette dans ses bras en lui disant « Je suis fière de toi, mon chéri », il a l'air horrifié. N'y voyant que du feu, tout le public se dit qu'ils sont en couple et sourit avec attendrissement. Ashleigh prend ça pour des encouragements : elle reste sur scène, suit Rainer dans les loges après le tomber de rideau et réclame sans cesse son attention. À aucun moment elle ne se rend compte à quel point Rainer est mal à l'aise et la situation gênante. Au bout du compte, Rainer est obligé de l'éconduire sans ménagement. Cela aurait dû être une des plus belles soirées de sa vie mais il ne se souviendra que de cet incident. Ne faites pas comme Ashleigh : on n'est pas au cinéma et cela ne peut pas bien se passer si vous vous prenez pour le personnage central d'un film dans lequel les autres sont seulement des figurants dont les sentiments ne comptent que quand ils vous permettent d'arriver à vos fins.

Archétype n° 3 : ceux qui ne savent pas lire entre les lignes

On connaît presque tous quelqu'un qui ne comprend pas vite même quand on lui explique… longtemps. Certes, la communication ça marche dans les deux sens et si deux personnes ne se comprennent pas, chacun a sa part de responsabilité. Mais il y en a quand même qui sont particulièrement lents à la détente. Et, parfois, cela en devient gênant pour tout le monde.

Il y a par exemple Alice, qui trouve que son petit ami Stan n'est pas très doué pour lire entre les lignes. Comme la fois où elle lui a dit : « C'est peut-être mieux si tu rentres de ton côté ce soir ; il faut que je me lève super tôt demain matin. » Mais Stan ne se démonte pas et lui dit : « Pas de problème, ça ne me dérange pas si tu te lèves tôt. D'ailleurs, ça ne me ferait pas de mal de me coucher un peu moins tard, histoire de me réveiller plus tôt demain. En plus, il paraît que c'est bon pour la santé. » Alice essaie de lui faire passer le message encore plus clairement mais sans succès donc elle finit par lui dire : « S'il te plaît, tu as dormi chez moi tous les soirs cette semaine et je voudrais vraiment avoir le lit pour moi toute seule pour une fois. » Vexé, Stan lui dit : « Bon, bah, tu n'avais qu'à le dire ! », comme si ce n'était pas exactement ce qu'elle essayait de faire depuis le début.

Si vous ne comprenez pas pourquoi quelqu'un dit plusieurs fois quelque chose qui vous paraît un peu vague, comme « Oh, je n'avais pas vu l'heure » ou « J'ai une grosse journée demain », essayez de lire entre les lignes. Quand on a l'impression de ne pas trop voir où l'autre veut en venir, c'est le signe qu'il faut être plus attentif à la communication non verbale.

Archétype n° 4 : ceux qui veulent « apprendre la calligraphie à Confucius »

Le *mansplaining* en est le parfait exemple : cette façon dont les hommes se croient parfois obligés d'expliquer la vie aux femmes avec condescendance. Mais ce type de comportement n'est pas toujours genré. Vanter ses propres mérites dans un domaine alors qu'on se trouve en présence d'un véritable expert du sujet, c'est, comme disent les Coréens, vouloir « apprendre la calligraphie à Confucius ». Les coupables manquent tellement de nunchi qu'ils ne se rendent même pas compte qu'ils sont en train d'étaler leurs connnaissance devant LE spécialiste mondial.

Prenez Nimrod : pendant un dîner, il se lance dans un long monologue pour expliquer à Nikola, qui n'a rien demandé, comment la RAM détermine la vitesse de calcul d'un ordinateur. Pas de quoi fouetter un chat vous me direz, sauf que Nikola a fait un doctorat en informatique au MIT et a travaillé chez IBM sur le superordinateur qui a battu Kasparov aux échecs.

Par politesse, Nikola n'a pas voulu l'offenser et n'a pas étalé son CV mais les réactions des autres convives auraient dû faire comprendre à Nimrod à quel point tout le monde était mal à l'aise. Il lui aurait pourtant suffi de poser deux ou trois questions ou simplement de regarder autour de lui au lieu de parler tout le temps. Il n'aurait pas fait aussi mauvaise impression.

Archétype n° 5 : ceux qui pensent que les autres se la jouent inaccessibles

Mon exemple littéraire favori de la différence entre un bon et un mauvais nunchi se trouve dans *Orgueil et Préjugés* de Jane Austen. Alors que Lizzy Bennet a un nunchi très rapide, ce qui lui permet de bien interpréter le langage corporel et de percevoir l'absurdité des situations (même si elle ne peut évidemment rien dire), M. Collins ne peut pas en dire autant, ce qui le rend assez pénible.

Pour vous résumer rapidement l'intrigue, ce sont des cousins éloignés et M. Collins doit hériter de la maison dans laquelle Lizzy a grandi. Comme tous ceux qui n'ont pas eu de chance en matière de nunchi, M. Collins n'est pas quelqu'un de méchant mais c'est presque pire : Lizzy s'en veut de le détester et, du coup, elle le déteste encore plus. Le décor est planté pour ce qui est à mon avis la demande en mariage la plus gênante de l'histoire de la littérature anglaise. Collins pense être un très bon parti mais on ne peut pas dire que tout le monde partage cet avis. Malgré les signes sans équivoque que lui envoie Lizzy et alors que cela saute aux yeux qu'elle est tout sauf ravie à l'idée de l'épouser, Collins pense que Lizzy joue les inaccessibles et lui dit : « Je ne peux envisager une seule seconde que vous décliniez sérieusement ma proposition, je vais donc en conclure que vous ne cherchez qu'à attiser ma flamme en me faisant languir, comme il sied aux demoiselles de bonne famille. »

En termes de mauvais nunchi, c'est vraiment une performance parce que Collins choisit de ne tenir compte ni des mots, ni de la communication non verbale de Lizzy. Il est clair que les personnes aussi imperméables aux réactions des autres sont tellement centrées sur elles-mêmes qu'elles en oublieraient presque qu'il y a des gens autour d'elles.

Ne faites pas comme M. Collins. Si vous avez des doutes sur la façon dont votre message est reçu, que ce soit dans la vie amoureuse ou non, prenez le temps de lire la pièce au lieu de foncer tête baissée.

Archétype n° 6 : ceux qui prennent les compliments pour argent comptant

Imaginons que vous avez des velléités d'écriture mais que vous n'arrivez pas à vous faire publier, alors que vos proches vous disent tous qu'ils adorent ce que vous faites. Est-ce que vous persévérez ? D'un côté, vous êtes peut-être le nouveau Stephen King dont le premier manuscrit *Carrie* a été rejeté par trente maisons d'édition avant que Doubleday ne l'achète. Peut-être que la prochaine fois sera la bonne, comme la trente et unième l'a été pour le célèbre maître du fantastique – le fameux « moment où tout a commencé ».

Mais d'un autre côté, il n'est pas impossible que votre famille et vos amis aiment votre travail parce qu'ils vous aiment *vous*, c'est-à-dire qu'ils ne sont peut-être pas les mieux placés pour émettre un avis.

Comment savoir s'il faut continuer ? Ce n'est pas évident, surtout quand les gens qui ont connu le succès répètent à longueur de journée dans leurs discours de remerciements qu'« il ne faut pas se décourager ». C'est exactement ce que vous disent vos amis.

Je serais tentée de vous dire la même chose… mais à une condition : ne demandez plus conseil à vos proches, qui ne peuvent pas être objectifs. Un élément important du nunchi, et donc du succès, est de ne pas avoir peur de la vérité, même si elle ne fait pas plaisir.

Quand il était jeune, John Lennon a fréquenté une école d'art et, d'après les dessins qui ont été conservés, il avait un certain talent. Mais s'il s'était entêté à essayer de devenir le prochain Van Gogh simplement parce que sa maman accrochait ses créations sur le frigo, il ne serait peut-être jamais devenu un Beatle.

Que ce soit en matière littéraire ou dans n'importe quel autre domaine, il faut être capable de faire la différence entre le compliment de quelqu'un qui apprécie vraiment ce que vous faites et celui d'une personne qui vous aime, vous, et ne veut pas vous faire de la peine. Avoir vraiment du nunchi implique de se demander : « Qui est en train de me complimenter ? Et pourquoi ? » et de prendre en compte la réponse même si elle ne correspond pas à ce qu'on espérait.

Archétype n° 7 : les ennuyeux chroniques

Quand quelqu'un nous « ennuie », il est à la fois « soporifique » et « énervant ». C'est la magie de la langue française de saisir aussi bien la nature humaine.

Vous me direz, les gens ennuyeux sont inoffensifs. Et pourtant, tout le monde les trouve pénibles. Oscar Wilde a dit qu'« un ennuyeux arrive à vous priver de solitude sans pour autant vous apporter de la compagnie ». Le problème n'est pas tant que leurs anecdotes sont sans relief, c'est qu'ils n'écoutent pas les autres et, en réalité, ne parlent qu'en monologues successifs sans rapport avec ce que l'autre personne vient de dire. Par exemple, si quelqu'un dit : « C'est vraiment triste que Gene n'ait pas pu se joindre à nous. Je ne sais pas si vous êtes au courant mais il a eu un très grave accident de voiture », l'ennuyeux chronique va dire : « Ah tiens, ça me fait penser à cet accident dont j'ai été témoin. Le cerf a traversé la route, etc. » et de s'embarquer dans une description détaillée qui n'intéresse personne, le tout sans demander comment va Gene.

Personne ne fait exprès d'être ennuyeux ; c'est souvent la conséquence d'une peur panique du silence, tout simplement. C'est pour cela que la capacité à ne rien dire et à rester tranquille est primordiale dans le nunchi. Ce qui fait que les gens ont envie de vous parler, c'est votre capacité à les écouter, c'est-à-dire de vous mettre en résonance avec eux. Et il n'y a rien de plus énervant que quelqu'un qui ramène la conversation à lui ou raconte une histoire pour montrer qu'il fait tout mieux que les autres. En fait, les gens comme ça ne vous écoutent pas ; ils attendent juste de pouvoir reprendre la parole.

La prochaine fois que quelqu'un vous raconte une anecdote ou vous dit ce qu'il pense ou ce qu'il ressent, faites l'effort de ne rien dire pendant quelques secondes et de rebondir avec autre chose qu'une histoire qui vous concerne *vous*. Ce n'est pas évident, n'est-ce pas ? C'est significatif de pouvoir à peine imaginer quoi dire qui ne soit pas une anecdote personnelle. La meilleure façon d'intéresser les gens, ce n'est pas de leur raconter une histoire « meilleure » que la leur ; ils veulent juste que vous les écoutiez. À la fin, l'entente n'en sera que meilleure.

Archétype n° 8 : ceux qui disent « C'est comme ça qu'on fait chez moi »

Que « chez moi » veuille dire « dans mon ancien boulot », « dans ma ville natale » ou « dans ma culture », cela ne nous intéressepas. Avoir un nunchi rapide implique de s'adapter à la situation *présente*, la façon dont on s'est comporté la fois précédente n'entre pas en ligne de compte. Un incident qui s'est produit à New York en 1997 et avait fait à l'époque l'objet d'une couverture médiatique internationale en est la parfaite illustration. Une touriste danoise qui dînait dans l'East Village (pas l'endroit le plus sûr de Manhattan à l'époque) avait laissé son bébé de quatorze mois dans un landau dans la rue à l'extérieur du restaurant. Des passants avaient alerté la police qui avait arrêté les parents pour mise en danger d'un enfant. Le nourrisson leur avait été enlevé et les services sociaux l'avaient confié à une famille d'accueil pendant plusieurs jours. La mère et la presse danoise avaient protesté, arguant du fait que chez eux, il était tout à fait normal de laisser les bébés dehors profiter de l'air frais plutôt que de leur faire respirer la fumée de cigarettes dans un espace clos.

Je trouve excessif d'avoir enlevé le bébé à ses parents mais je pense quand même que les parents ont eu tort. Ce que vous feriez dans votre pays d'origine ne doit pas parasiter votre nunchi. Si elle avait regardé autour d'elle ne serait-ce que cinq secondes, la mère aurait pu constater : 1) que le quartier était beaucoup moins bien fréquenté que la plupart des endroits du Danemark et 2) que personne d'autre n'avait laissé son bébé seul dehors.

Le puritanisme américain n'a rien à voir là-dedans : les gens ont juste eu peur que quelqu'un profite de l'occasion pour kidnapper ou maltraiter un enfant. À l'époque, Nicholas Scoppetta, le chef des services de protection de l'enfance, a dit dans les colonnes du *New York Times* : « Laisser un enfant sans surveillance dans une rue à New York pendant une heure est vraiment mal avisé… Ce n'est pas à la police de New York de faire une enquête pour savoir si c'est acceptable au Danemark[5]. » C'est la preuve que personne, littéralement personne, ne vous pardonnera de manquer de nunchi. Vos bonnes intentions importent peu. Et parfois, beaucoup de choses sont en jeu. Dans un environnement qui ne vous est pas familier, regardez ce que font les gens autour de vous et laissez-leur le bénéfice du doute : s'ils se comportent d'une certaine façon, il y a sûrement une raison.

Vous l'avez sûrement remarqué, ces huit archétypes ont quelque chose en commun : ils sont incapables de lire la pièce dans laquelle ils se trouvent. Et vous avez aussi remarqué que manquer de nunchi ne vous expose pas seulement à quelques roulements d'yeux de vos amis en réaction à vos faux pas. Vous vous trompez gravement si vous pensez que si les gens sont mal à l'aise, c'est leur problème, ou que vous pouvez faire comme si de rien n'était. Passer à côté des petits indices qui vous aideraient à comprendre la situation peut finir par vous faire perdre des amis, le respect des autres, votre boulot ou même, comme cette mère danoise, votre enfant (rassurez-vous, on le lui a rendu !).

QUIZ

Vous visitez un pays de l'ancien Bloc soviétique. Un matin, une sirène retentit. Vous passez la tête par la fenêtre pour voir ce qui se passe et vous entendez les haut-parleurs, ces reliquats de l'époque de la loi martiale, hurler quelque chose. Vous voyez que les gens dans la rue courent dans tous les sens. Qu'est-ce que vous faites ?

A. Vous vous dites : « Quelle plaie ces alarmes ! On leur a dit que la guerre froide était finie ? »
B. Par la fenêtre, vous hurlez aux gens de rentrer chez eux parce que vous essayez de dormir.
C. Vous retournez vous coucher.
D. Vous commencez à rassembler vos affaires.

La bonne réponse est D. Ma sœur et moi nous sommes retrouvées exactement dans cette situation à Prague en 2002. Nous avons tout de suite pris les choses au sérieux et fait en sorte de rentrer chez nous par le premier avion. Juste avant de partir, j'ai dit à des touristes qui, la veille, avaient bien arrosé la soirée qu'ils feraient mieux de partir eux aussi mais ils m'ont gentiment ri au nez. En fait, à l'aéroport, on nous a dit que des inondations étaient en cours, les pires depuis 1890, au point qu'on a parlé des « inondations du siècle ». Toute la ville a été envahie par l'eau. Ma sœur et moi, nous avons pris le dernier avion que à décoller. Si nous avions écouté les joyeux drilles de l'hôtel et étions retournées dans notre chambre, nous nous serions retrouvées coincées plusieurs jours dans un pays étranger au beau milieu d'une catastrophe naturelle.

Est-ce que l'une d'entre nous parlait tchèque ? Non. Mais nous avions déjà vécu dans un pays où il y a des haut-parleurs à chaque coin de rue et nous savions que si quelqu'un s'en servait pour faire une annonce à travers toute la ville, il y avait forcément une raison : ce n'était pas pour annoncer qu'il y avait des soldes à la boulangerie de quartier. C'est toujours une urgence.

CHAPITRE 5

DEUX YEUX, DEUX OREILLES, UNE BOUCHE

« Nous avons deux oreilles mais une seule bouche, pour écouter deux fois plus que nous ne parlons. »

Épictète (55 av. J.-C.-135 ap. J.-C.), *Enchiridion*[6].

Dès que les enfants coréens sont capables de parler, leurs parents leur expliquent à quel point il est important de « rester en alerte », c'est-à-dire d'écouter et d'être attentifs à ce que font les autres. N'avoir que trois ans n'excuse pas de manquer de nunchi ; il y a même un dicton coréen qui dit : « Si tu l'apprends à trois ans, tu t'en souviendras quand tu en auras quatre-vingts. » Par exemple, si les gens se mettent tous à droite quand ils prennent l'escalator, il y a une raison : cela permet de laisser le passage sur la gauche à ceux qui sont pressés. Les enfants doivent comprendre qu'ils ne doivent pas bloquer tout le monde. L'apprentissage du nunchi repose largement sur l'autonomie, donc, dans l'idéal, ils devraient être capables d'arriver à cette conclusion par eux-mêmes sans l'aide de leurs parents. En Corée, l'expression « Ce ne sont que des enfants » n'a pas cours. Ils sont responsabilisés dès leur plus jeune âge.

À l'école, on attend d'eux qu'ils comprennent les choses par eux-mêmes. Les enseignants ne leur donnent pas une liste toute faite de fournitures pour le projet artistique du lendemain. Ils leur disent seulement : « On va fabriquer des abat-jour » et c'est aux élèves de déterminer ce qu'il faut apporter. S'ils ne pensent pas à amener des ciseaux pour couper des fils électriques, tant pis pour eux ; l'école n'en a pas en réserve et, même si c'était le cas, ils ne seraient pas mis à la disposition des enfants : c'est à eux de se débrouiller.

Parfois, les enseignants restent volontairement évasifs sur des informations très importantes, par exemple sur le lieu de l'examen. Et pourtant, devinez quoi, tout le monde arrive avec les bons ciseaux et trouve la bonne salle (même les élèves qui ne parlent pas coréen, comme moi), parce qu'on a appris aux enfants à s'organiser. Pour avoir une information, il faut poser la bonne question, à la bonne personne, au bon moment et, surtout, ouvrir les yeux et les oreilles pour observer ce que font les autres. Au nunchi dès le biberon !

Dans les sociétés occidentales, des parents pourraient se dire : « Je ne veux pas que mes enfants soient des automates ! J'essaie justement de leur apprendre que ce n'est pas parce que quelqu'un saute par la fenêtre qu'il faut faire la même chose. » Pourtant, tout le monde perçoit instinctivement quand le comportement collectif fait sens. Par exemple, tous les New-Yorkais connaissent cette règle non écrite : si, dans le métro, vous voyez un wagon vide alors que le reste du train est bondé, il y a une raison. Souvent, c'est de l'urine. Donc n'y allez pas. La foule n'a pas toujours raison mais, dans les transports en commun, c'est quand même souvent le cas.

On utilise son nunchi dès qu'on sort de chez soi. Sans s'en rendre compte, on l'utilise pour choisir la personne à qui on va demander son chemin – à Londres, dans le métro, vous allez vous adresser à quelqu'un qui a l'air de partir au boulot et donc a fait le trajet un million de fois, pas à un touriste qui regarde une carte. *Idem* quand il faut déterminer si le type à l'air excentrique assis à côté de vous dans le bus se demande juste quel livre vous êtes en train de lire ou si c'est un exhibitionniste.

Ou encore, quand dans le train vous avez les écouteurs sur les oreilles et que donc vous n'avez pas entendu l'annonce faite par le conducteur. Vous ne savez pas qu'il vient de dire : « Suite à un problème de signalisation, le départ est retardé et ce train ne marquera pas d'arrêt à telle station. » Mais votre nunchi vous dit que les autres passagers ont l'air contrarié et commencent à discuter les uns avec les autres. Donc vous comprenez qu'il y a un imprévu et que votre voyage va s'en trouver perturbé.

Conduire une voiture aussi nécessite du nunchi.

Instinctivement, vous sentez quels conducteurs vont vous laisser passer et lesquels vont piquer une crise si vous essayez de les dépasser.

Dans un magasin, vous utilisez votre nunchi pour savoir quelle caisse choisir. Spontanément, vous allez peut-être vous mettre dans la queue où la personne devant vous a l'air d'avoir le moins d'articles mais vous allez rapidement changer d'avis si vous voyez qu'elle est en train d'acheter une bonne centaine de Kinder Surprise qu'il faut scanner un par un. Votre instinct vous dit de ne pas aller à celle où la caissière a manifestement besoin d'une pause, ni derrière un client qui est en train de brandir une poignée de coupons de réduction.

Ce serait quand même plus facile si vous arriviez à utiliser aussi bien et aussi naturellement votre nunchi dans tous les autres domaines, non ? La bonne nouvelle, c'est que c'est tout à fait possible : il faut juste vous entraîner à regarder et à écouter.

En revanche, si vous ne faites pas cet effort, vous allez au-devant de déconvenues, comme l'illustre l'abondante littérature coréenne pour enfants avec des titres tels que *L'Enfant qui n'avait pas de nunchi* ou *L'Éléphant qui n'avait pas de nunchi*. Je vais vous en épargner la lecture et vous révéler le scoop : l'enfant et l'éléphant n'ont aucun ami.

Pas besoin d'en passer, comme les petits Coréens, par des contes moralisateurs ni par les méthodes brutales de l'école publique.

Je me suis sacrifiée et donc je suis en mesure de vous en donner les huit principales règles.

LES HUIT RÈGLES DU NUNCHI

1. Commencez par faire le vide dans votre esprit. Débarrassez-vous de vos idées reçues pour pouvoir observer avec discernement.

2. Prenez conscience de l'effet « observateur nunchique » que vous déclenchez en entrant dans une pièce : vous y apportez un changement. Comprenez quelle influence cela a.

3. Quand vous entrez dans une pièce, rappelez-vous que les autres y sont depuis plus longtemps que vous. Regardez-les pour engranger de l'information.

4. Ne ratez jamais une occasion de ne rien dire. Si vous êtes suffisamment patient, vous obtiendrez la réponse à la plupart de vos questions sans avoir besoin de dire un mot.

5. Si les bonnes manières existent, c'est qu'il y a une raison.

6. Lisez entre les lignes. Les gens ne disent pas toujours les choses directement et c'est bien normal.

7. Faire du tort involontairement est parfois aussi grave que de le faire volontairement.

8. Faites preuve d'agilité, soyez rapide.

Règle n° 1 : faites le vide

Une formule de Bruce Lee est souvent reprise dans des mèmes qui circulent sur Internet parce qu'elle est assez pertinente. Il dit : « Vide ton verre pour pouvoir le remplir. » Disons que vous êtes dans une pièce et que vous voulez la « lire » ; imaginons que cette pièce soit une piscine remplie d'eau et que vous, vous soyez un verre. Comment pourriez-vous avoir une idée de la température et du goût de cette eau si ce verre était déjà plein à ras bord ?

Si votre esprit est plein d'idées reçues sur une situation et sur les gens, il vous sera plus difficile de voir clairement ce qui se passe sous vos yeux et donc d'agir de la façon la plus appropriée.

Prenons l'exemple d'Amanda, qui travaille à Londres dans une multinationale et est invitée à une réception en l'honneur de Dan, le patron du bureau de New York qui est de passage. Elle n'est jamais allée aux États-Unis mais elle regarde énormément de séries et de films américains ; elle pense donc qu'elle en sait assez sur les mœurs outre-Atlantique pour se débrouiller. Elle a dans l'idée que les Américains parlent fort, sont très directs et mettent peu de formes dans les interactions.

Amanda voulait vraiment faire bonne impression mais elle n'a pas bien observé la façon dont les gens qui avaient formé un petit groupe autour de Dan se comportaient : ils le traitaient avec une certaine déférence parce que Dan était en fait très soucieux des convenances. Après avoir raconté une anecdote, il a levé la main et là, Amanda a été la seule à mal interpréter son geste à cause de ce qu'elle croyait savoir des Américains : elle a pensé qu'il attendait qu'on lui tape dans la main, façon *high five*. Il a retiré sa main avec un air horrifié.

La pauvre Amanda pensait avoir tout bon : elle pensait marquer des points en évitant à Dan de se retrouver la main en l'air en attendant que quelqu'un comprenne son geste. Le problème, c'est qu'elle a décidé d'agir à partir de schémas de pensée qu'elle a amenés avec elle dans la pièce et non d'observations qu'elle aurait pu y faire. Si elle avait pris le temps d'analyser l'attitude des autres, elle se serait évité un faux pas embarrassant.

Faire le vide dans votre esprit, cela peut vouloir dire fermer les yeux et respirer profondément pendant deux minutes avant d'entrer quelque part ou simplement se rappeler de « rester dans la pièce » quand vous sentez que vous commencez à ne plus y voir très clair.

Avant d'interagir avec d'autres personnes, demandez-vous comment vous vous sentez. Ceux qui souffrent d'anxiété utilisent souvent un moyen mnémotechnique appelé HALT en anglais : si vous avez faim (*Hungry*), que vous êtes énervé (*Angry*), que vous vous sentez seul (*Lonely*) ou fatigué (*Tired*), analysez dans quelle mesure cela risque d'affecter la façon dont vous allez entrer dans la pièce et la manière dont vous allez y percevoir les choses. Souvenez-vous du dicton : « On ne voit pas les gens tels qu'ils sont ; on les voit tels qu'on est soi-même. »

À plus long terme, des pratiques telles que la méditation peuvent vous aider à répondre aux différentes situations avec discernement et non sous le coup de la panique. Videz votre verre au lieu de le faire déborder sur les autres.

Règle n° 2 : prenez conscience de l'effet « observateur nunchique »

En physique, on a forgé le concept d'observateur quantique selon lequel chaque individu change une situation donnée par le seul fait qu'il l'observe. Il en va de même quand une personne entre dans une pièce : elle en modifie l'atmosphère générale juste en y pénétrant, donc il n'est pas nécessaire de tout faire pour attirer l'attention. Tous les experts en nunchi vous le diront : au lieu d'essayer de vous faire remarquer, commencez par faire preuve de respect envers la pièce, ce qui vous permettra de vous souvenir de la Règle n° 1 et de faire le vide.

Il y a dans la culture juive une tradition que j'aime beaucoup qui consiste à embrasser la *mezouzah* avant d'entrer dans une maison ou même dans certaines pièces. Il s'agit d'un petit rouleau de parchemin placé à l'intérieur d'une petite boîte et qu'on fixe à l'encadrement de la porte à peu près à hauteur d'épaule. Sur le parchemin est inscrite la prière du Shema qui commence par « Écoute, Ô Israël » (remarquez l'emploi du mot « écoute » : c'est comme dans le nunchi !) et comprend deux sections de la Torah : les versets 6, 4-9 et 11, 13-21 du Deutéronome. Embrasser la *mezouzah* est une façon de rendre hommage à Dieu mais je pense qu'on pourrait aussi considérer que c'est une façon de montrer qu'on respecte la pièce, de la saluer. On le fait, même s'il n'y a personne dans la maison ou dans la pièce.

Toucher la *mezouzah* est une excellente façon de garder à l'esprit l'importance du calme intérieur. Dans beaucoup de religions, des objets ont pour but de rappeler physiquement aux fidèles de penser en dehors d'eux-mêmes. Par exemple, les chapelets : catholiques, musulmans et bouddhistes en utilisent sous des formes différentes. Nous, humains, sommes particulièrement sensibles au toucher et les talismans sont fabriqués pour répondre à ce besoin. On pourrait dire que ce type d'objet est comme une incarnation du nunchi : les cinq sens sont sollicités pour appréhender le monde.

Quelles que soient vos croyances, et même si vous êtes athée, je ne peux trop vous recommander de faire comme s'il y avait une *mezouzah* sur le seuil de chaque pièce où vous entrez – toujours en étant pleinement présent aux choses, en faisant attention à chacun de vos gestes et sans vous focaliser uniquement sur vous-même. Dieu ou pas, ce qui compte, c'est se rappeler qu'il *n'y a pas que vous*. Il y a quelques années, j'avais une collègue très sympa que nous appellerons Viola et qui m'avait invitée à un dîner chez elle un vendredi soir. Il y avait une tempête de neige et du coup d'énormes embouteillages ; je suis donc arrivée en retard. À peine entrée, j'ai dit en reprenant mon souffle aux autres convives que je n'avais jamais rencontrés : « MERDE, JE SUIS VRAIMENT DÉSOLÉE D'ÊTRE EN RETARD, QUEL TEMPS DÉGUEULASSE ! »

Ils avaient tous l'air mal à l'aise.

J'étais nerveuse donc je ne me suis pas arrêtée là : « Ce qui m'a foutue dedans, c'est que je suis passée acheter une bouteille mais il y avait une queue pas possible, donc j'ai été obligée de courir pour arriver ici et du coup je suis essoufflée ; oh la la c'est pas possible, on dirait une asthmatique, j'espère que tout le monde aime le sancerre. »

Personne n'a pipé mot. J'ai passé la soirée à faire l'intéressante, histoire de détendre l'atmosphère. Tout le monde est resté très poli mais quelque chose clochait, j'en étais sûre. Le lundi suivant, au boulot, Viola m'a expliqué pourquoi personne n'était dans son assiette. Juste avant que j'arrive au dîner, une des invitées a annoncé qu'elle avait un cancer du pancréas inopérable, que ce n'était même pas la peine de faire une chimio et qu'elle n'en avait plus que pour quelques semaines ou quelques mois. Apparemment, la dernière chose qu'elle a dite avant que j'entre dans la pièce en hurlant c'est : « Tout ce qui me reste à faire maintenant, c'est profiter de la vie tant que je peux et passer du temps avec mon mari pour qu'il se souvienne de belles choses. » Peut-être que son mari se souvient aussi de moi… d'une certaine façon.

Évidemment, je ne pouvais pas deviner. Et Viola ne m'a fait aucun reproche. J'étais navrée bien sûr et je me suis excusée platement d'avoir infligé à tous les convives mes histoires sans intérêt pour expliquer mon retard. Elle m'a dit : « Pas de problème !

Tu ne pouvais pas deviner. Ne t'inquiète pas, c'était juste pour que tu sois au courant. » Mais il était assez clair qu'elle n'était pas près de me réinviter.

Vous vous dites peut-être : « Bon, Euny, OK tu as mis tout le mondemalàl'aisemaisc'étaitjusteune-coïncidence. Tu n'as rien fait de mal. Ils ne sont pas très sympas de t'en vouloir. » C'est vrai, je n'ai rien fait de « mal » mais le résultat est là. À chaque fois qu'ils pensent à moi, ils pensent à ce moment où ils se sont sentis mal à l'aise à cause de moi, et peut-être même qu'ils s'en veulent de ressentir cela, mais on ne peut plus rien y faire, il s'est passé ce qui s'est passé.

Comment aurais-je pu utiliser mon nunchi ?

En retard ou pas, rien ne m'empêchait de respecter la pièce avant de passer le pas de la porte. Ce n'est pas comme si j'avais dû livrer des organes pour une greffe ; j'aurais pu prendre quelques secondes pour suivre mon petit rituel d'« entrée nunchique », c'est-à-dire prendre le temps de me faire une idée de l'ambiance dans la pièce au lieu de tout bouleverser comme un livreur de pizzas qui renverse tout sur son passage. Après la soirée, en me repassant mentalement le film des événements tranquillement chez moi, certains détails me sont revenus à l'esprit :

– quand le mari de Viola m'a ouvert la porte, il m'a dit « bienvenue » très doucement, donc j'aurais dû en déduire que quelque chose n'allait pas ou *au moins* activer mon nunchi pour comprendre ce qui se passait ;

– quand je suis entrée dans le salon, personne ne souriait – bizarre pour un dîner entre amis. Je me suis dit que c'était à cause de mon retard : quand on n'utilise pas son nunchi, on croit toujours que tout tourne autour de soi ;
– l'amie de Viola qui venait d'annoncer sa maladie n'a ni mangé ni bu ;
– l'homme assis à côté d'elle lui tenait la main et la serrait dans les siennes.

Avoir raté tout cela est caractéristique d'un manque de nunchi. J'étais tellement gênée d'être en retard que je pensais que les autres n'avaient que cela à l'esprit. Je ne voulais pas qu'ils croient que leur ressenti m'importait peu. C'est pourtant exactement ce qui s'est passé.

Règle n° 3 : quand vous entrez dans une pièce, rappelez-vous que les autres y sont depuis plus longtemps que vous

Pour faire voler un cerf-volant, il ne suffit pas de le lancer en l'air en espérant qu'il va prendre son essor tel un aigle majestueux. Il faut commencer par déterminer dans quel sens le vent souffle, grâce à un doigt mouillé ou en regardant vers où penchent les branches des arbres ou l'herbe.

C'est exactement la même chose pour le nunchi. Et, ce qui est sûr, c'est que le vent peut changer de direction sans prévenir, que cela vous arrange ou non. Avoir un nunchi rapide, cela veut dire être capable d'observer et d'analyser ce qui se passe dans la pièce dans laquelle vous entrez et de constamment réévaluer la situation au fur et à mesure. Dans la vie réelle, les choses sont incroyablement fluides – même pendant un enterrement, il arrive que les gens rient, et parfois cela leur fait du bien –, donc soyez sur vos gardes pour pouvoir vous adapter en fonction de ce qui se passe vraiment au lieu de vous comporter de la façon dont vous pensez que cela *doit* se passer. Par exemple, en Irlande, il arrive que les gens racontent des anecdotes rigolotes à propos des personnes décédées pendant les veillées funèbres. Mais cela ne veut pas dire qu'il faut vous croire autorisé à faire des blagues à tout bout de champ ou à raconter comment, dans sa jeunesse, la dame qu'on enterre, paix à son âme, s'est tapé la moitié du village. Il faut essayer de faire preuve de délicatesse et de rondeur – n'oubliez pas la grosse pêche de James.

Cela me rappelle une histoire qui prouve que la reine d'Angleterre est dotée d'un nunchi particulièrement rapide, même si elle n'a jamais entendu ce mot. Lors d'une réception à Buckingham Palace, un dignitaire étranger en visite prend le rince-doigts et, au lieu d'y tremper les mains, le boit comme si c'était un verre d'eau. Alors que tous les invités en restent pantois, la reine, pour éviter une situation embarrassante à son hôte, saisit à son tour le sien et le boit comme si de rien n'était. Les autres convives lui emboîtent le pas.

La reine a fait preuve d'un nunchi exceptionnel : elle aurait pu indiquer poliment à son invité qu'il ne fallait pas boire le contenu du rince-doigts mais, anticipant la gêne que cela lui aurait causée, a immédiatement fait ce qu'il fallait pour lui éviter ça. Ceux qui ont suivi son exemple ont également fait preuve de nunchi : ils ont été au-delà de ce qu'ils savaient être approprié, en l'espèce ne pas boire l'eau du rince-doigts, et ont compris que, dans cette situation particulière, c'était précisément ce qu'il fallait faire.

Le vent peut tourner, ne l'oubliez pas, et faites en sorte de changer vous aussi de manière à préserver l'harmonie dans l'ensemble de la pièce. Évidemment, je ne suis pas en train de vous dire que vous devez vous sentir obligé de faire quelque chose de répréhensible juste pour faire comme les autres. Ce n'est pas faire preuve de nunchi que de prêter main-forte à ceux qui maltraitent ou harcèlent quelqu'un ou se comportent de façon inappropriée, si c'est à cela que vous êtes confronté.

Règle n° 4 : ne ratez jamais une occasion de ne rien dire

Qui ne connaît pas le proverbe : « Il faut tourner sept fois sa langue dans sa bouche avant de parler » ?

Quand j'étais à l'école en Corée, personne ne levait jamais la main pour poser une question. Ce n'était pas interdit ; simplement, cela n'arrivait pas. Poser une question était considéré comme un comportement égoïste et perturbateur : au nom de quoi peut-on interrompre la leçon et priver tous les élèves de l'enseignement du professeur juste parce qu'on a soi-même besoin d'un éclaircissement ?

Dans les pays occidentaux, on trouve à l'inverse ce comportement choquant et souvent les gens me disent que j'exagère. Mais regardez les choses autrement : à l'époque, il y avait soixante élèves par classe donc si même juste 10 % posaient des questions, il aurait été impossible de faire cours normalement. Certes, votre question pouvait aussi aider les autres élèves mais, selon toute probabilité, tout le monde en apprendrait encore plus en laissant l'enseignant terminer. Et si, à la fin du cours, vous aviez encore des questions ? Pas de problème : il suffisait d'aller voir les professeurs après la classe. D'ailleurs, ils nous encourageaient à le faire et ne comptaient pas leurs heures. Cette habitude de ne pas poser de questions pendant le cours est un des facteurs qui explique que les enfants coréens développent un nunchi extraordinaire aussi rapidement.

Pour la petite Américaine de douze ans que j'étais, cela a été un véritable choc culturel. Mais cela m'a permis d'apprendre deux choses essentielles :

1) si vous faites preuve d'assez de patience, vous aurez la réponse à la plupart de vos questions ;

2) on en apprend plus en écoutant qu'en parlant.

Regardez par exemple les réunions dans le cadre professionnel : beaucoup de gens ne posent des questions que pour crâner, se faire bien voir du chef ou tout simplement montrer qu'ils participent. Est-ce que les personnes qui posent le plus de questions en réunion sont les plus respectées et obtiennent automatiquement des bonus ? Eh bien, ça dépend. Parfois, poser beaucoup de questions montre qu'on est impliqué mais cela peut également vous attirer les regards désapprobateurs de vos collègues, en particulier s'il est midi et demi et que tout ce qu'ils ont en tête, c'est la queue qui est en train de s'allonger minute après minute au restaurant du coin. Essayez de lire la pièce et ne vous croyez pas toujours obligé de poser toutes les questions qui vous passent par la tête, surtout quand l'heure du déjeuner approche.

En ce début de XXIe siècle, se faire remarquer est considéré comme positif, surtout dans les sociétés occidentales et encore plus dans le monde anglo-saxon. Être réservé n'est pas considéré comme caractéristique d'une personnalité dominante. C'est à la fois ridicule et contradictoire étant donné qu'on célèbre dans le même temps le stéréotype du « type fort et ombrageux », comme le cow-boy ou le chef militaire aux nerfs d'acier. Tous les gens qui ont l'habitude de mener des négociations vous le diront, garder le silence vous donne un avantage. Si on n'entend pas parler des vertus du silence, c'est parce que, par définition, les gens qui parlent peu n'en font pas des tonnes. Ils disent rarement : « Je vois bien que plus je reste silencieux, plus vous me donnez d'informations et c'est exactement ce que je veux ». Le nunchi est vraiment précieux. Pendant une négociation, les personnes introverties ont l'occasion de montrer qui est vraiment le patron.

Imaginons que vous craquez complètement sur une maison et que vous rêvez de l'acheter. Évidemment, vous voulez la payer le moins cher possible alors que le vendeur et l'agent immobilier veulent au contraire en tirer le maximum. L'agent vous demande si vous avez des enfants. Si vous êtes un expert en nunchi, vous avez déjà compris qu'il essaie de le savoir pour pouvoir vous dire que la maison est chère parce qu'il y a beaucoup de bonnes écoles dans le quartier. Ou, sans vraiment savoir où il veut en venir, avec un nunchi moyen, vous pensez qu'il vaut mieux ne pas en dire trop. Attendez cinq secondes avant de répondre – même si cela peut paraître un peu long – et dites-lui simplement : « Pourquoi voulez-vous le savoir ? »

Même si la question était innocente et que l'agent était simplement curieux, c'est toujours une bonne idée de ne pas s'étaler. Si votre silence l'a rendu nerveux, cela vous met quand même en position de force pour le reste de la négociation.

Mais mettons que votre première intuition était la bonne et que l'agent vous dise : « Je vous demande ça parce qu'il y a vraiment de bonnes écoles dans le quartier et du coup ça se paie. » Peut-être bien que c'est un élément important pour vous mais vous n'avez pas besoin de faire plaisir à l'agent en lui permettant d'obtenir une commission plus élevée. Répondez seulement : « Je vois. »

Normalement, à ce stade, il commence à s'inquiéter. Vous n'avez quasiment rien dit, donc il se dit qu'il n'arrivera pas à vous amadouer et que la seule chose qui marche, c'est de baisser le prix.

Bien sûr, peut-être que cette tactique ne marchera pas pour cette maison-là. Le propriétaire sera peut-être inflexible sur le prix et cela n'a rien à voir avec vous. Mais c'est quand même positif pour vous parce que maintenant, l'agent sait – consciemment ou non – qu'il ne pourra pas vous impressionner facilement. Vous vous êtes construit une image de dur en affaires dès le début ; vous serez donc dans une bonne position pour toutes les maisons que l'agent est susceptible de vous montrer par la suite. Cela ne peut être que positif.

Parler peu deviendra votre force. Celui qui parle le plus fort ne remporte pas toujours la négociation. Laissez assez de silence et de distance entre vous et les autres pour qu'ils viennent à vous.

Règle n° 5 : si les bonnes manières existent, il y a une bonne raison à cela

Ceux qui ne prennent pas le nunchi au sérieux sont aussi ceux qui pensent que les bonnes manières à table ne sont qu'un parcours d'obstacles compliqué inventé par des prétentieux de la haute dans l'unique but de rabaisser les gens plus modestes. C'est archifaux. Si c'est ce que vous pensez, rappelez-moi de ne jamais vous inviter chez moi.

Les bonnes manières ont deux objectifs :

– le fait même de respecter certaines formes fait de la pièce un espace plus sûr, comme dans un sport. Parfois, on n'a pas envie d'attendre que tout le monde soit assis et on aimerait bien manger sa soupe de façon décontractée, mais on ne le fait pas précisément pour montrer aux autres convives qu'on se soucie de leur confort. Cela crée immédiatement dans la pièce un sentiment de calme et de stabilité dans la pièce qui est bénéfique pour tout le monde ;

– les bonnes manières créent un espace où les invités peuvent s'exprimer. Quelles que soient les exigences, cela ouvre la possibilité de coexister dans cet espace tout en instituant des limites qui sont saines.

Les manières à table varient d'une culture à l'autre et personne n'attend de vous que vous soyez parfaitement calé. En revanche, ce qu'on attend de vous, c'est que vous utilisiez votre nunchi – que vos hôtes connaissent le mot ou pas.

Regardons par exemple les différentes façons de manger du pain. Sarah emmène son compagnon Magnus à un dîner chez des amis de longue date. Il met le pain sur la petite assiette qui est à sa droite. Sarah, qui est assise à sa gauche, lui dit discrètement « Mon chéri, tu t'es trompé d'assiette ; la tienne c'est celle à ta gauche. » Mais Magnus, qui n'a pas beaucoup de nunchi, se sent très gêné et donc, comme si de rien n'était, continue d'empiler les tranches de pain dans l'assiette et les tartine de beurre.

Mais il y a un problème : quand on se trompe d'assiette, en bout de chaîne, quelqu'un se retrouve forcément coincé. La femme assise à sa droite est donc bien obligée de lui dire : « Pardon, mais je crois que vous m'avez pris mon assiette. » Et du coup, Magnus a passé le reste de la soirée à bougonner en disant à quel point les amis de Sarah ont été désagréables avec lui.

C'est vrai qu'il n'a pas fait exprès mais il a fait l'erreur de ne pas observer la situation pour comprendre comment les autres faisaient, et agir de façon adéquate. À la différence du dignitaire étranger qui, en buvant dans le rince-doigts, n'a mis dans l'embarras personne si ce n'est lui-même, l'incapacité de Magnus à lire la pièce a mis tout le monde mal à l'aise.

Il est important de retenir qu'en termes de nunchi, les manières à table existent pour le confort de tous les convives et non pour vous permettre de vous sentir supérieur parce que vous les maîtrisez mieux que les autres. Faire une remarque à voix haute pour expliquer à quelqu'un ce qu'il aurait dû faire ou ne pas faire à table, ce n'est vraiment pas faire preuve de nunchi.

Règle n° 6 : lisez entre les lignes

Un ami m'a dit un jour : « Si tu veux vraiment entendre ce que quelqu'un veut dire, baisse le son. » Cela peut paraître contradictoire mais il n'en est rien. Cela voulait dire : « Les mots qu'une personne prononce ne traduisent pas exactement ce qu'elle pense. Sois attentive au contexte, regarde les signes non verbaux. » En d'autres termes, on ne juge pas un livre à sa couverture. Et parfois, les mots ne sont rien d'autre – une couverture.

Si vous pensez que vous êtes en droit d'attendre des gens qu'ils disent exactement ce qu'ils pensent, vous faites fausse route. Pour les Coréens, en attendre autant des autres serait considéré comme déplacé. Parfois, il faut vraiment lire dans les pensées et, avec un bon nunchi, ce n'est pas aussi difficile que vous pouvez le croire.

Disons que vous vous êtes porté volontaire pour accueillir une famille de réfugiés qui ont dû fuir leur pays à cause de la guerre. Au début, tout se passe très bien : ils sont posés et polis, très ordonnés et font attention de ne pas prendre trop de place ; ils lavent les couverts qu'ils utilisent et, même si vous ne parlez pas leur langue, vous comprenez qu'à partir de huit heures du soir, les parents disent à leurs enfants de faire moins de bruit s'ils chahutent. Quand vous êtes devant votre ordinateur, ils font tous en sorte de ne pas vous déranger.

Un jour, la mère vous demande : « Est-ce que tout le monde mange du porc comme vous dans votre pays ? » Vous répondez : « S'ils aiment ça, oui. » Vous trouvez cette question un peu bizarre mais, rapidement, vous n'y pensez plus même si votre nunchi vous dit qu'il faudra que vous l'interrogiez là-dessus plus tard.

Peu après, le père vous pose la même question : « Est-ce que les gens mangent du porc tous les jours ici ? » Là encore, au lieu de lui demander ce qu'il veut dire, vous n'y prêtez pas vraiment attention. Ce n'est qu'un mois plus tard que vous apprenez qu'ils sont musulmans et que, pour cette raison, ils ne mangent pas de porc ; pourtant, ils ont fait comme si de rien n'était à chaque fois que vous leur en avez servi parce qu'ils ne voulaient pas paraître impolis à votre égard.

Peut-être que vous êtes catastrophé ou que vous vous dites : « C'est ridicule ! Ils ne m'ont rien dit ! Demander si les gens mangent du porc ici, c'est vraiment une attitude passive-agressive ! Je ne lis pas dans les pensées ! »

Mais si vous aviez eu un bon nunchi, vous vous seriez rendu compte qu'il était évident que dans la culture de cette famille, on privilégie la communication indirecte, non confrontationnelle. Ils ont montré qu'ils étaient très soucieux de votre confort et vous auriez dû en déduire qu'ils n'ont pas besoin qu'on leur dise quoi faire. Tout dans leur comportement aurait dû vous faire prendre conscience du fait que, pour eux, le plus important est que les gens soient à l'aise et non d'exprimer directement ce qu'on a à dire. Donc, oui, en un certain sens, il fallait lire dans les pensées ou à tout le moins suivre votre instinct et leur demander directement pourquoi ils vous interrogeaient sur la consommation de porc dans votre pays.

À chaque fois que vous vous dites : « Attends, je ne lis pas dans les pensées ! », prenez-le comme le signe que votre nunchi ne marche pas, d'une façon ou d'une autre.

Règle n° 7 : faire du tort involontairement est parfois aussi grave que le faire volontairement

Quand vous mettez tout le monde mal à l'aise en manquant de nunchi, que vous ne l'ayez pas fait exprès importe peu. Le nunchi, ce n'est pas comme dans l'École des fans où tous les candidats ont 10/10, quelle que soit leur performance.

Karen était vraiment passionnée par la santé et le bien-être et en parlait tout le temps. Elle se sentait tellement en forme grâce au jeûne intermittent et à des séances d'exercice que, avec les meilleures intentions du monde, elle voulait absolument que tout le monde le sache. Donc elle félicitait tout le temps les gens à chaque fois qu'elle croyait déceler chez eux les signes d'un mode de vie plus sain.

« Dis donc, tu n'aurais pas perdu du poids ? Ça te va super bien ! »

« Tu dois manger beaucoup de légumes verts en ce moment parce que je trouve que ta peau est resplendissante. »

« Si tu cherches quelqu'un pour aller avec toi à la salle de gym, fais-moi signe ! Et je pourrai t'aider à faire des exercices pour renforcer le haut du corps, si tu veux. »

Mais Karen a fini par réaliser que ses amis commençaient à l'éviter. Elle était tellement focalisée sur son propre régime qu'elle ne se rendait même pas compte de la façon dont ses commentaires « positifs » étaient perçus. Elle pensait les encourager alors qu'eux se sentaient jugés.

Conseil d'expert : demander à quelqu'un s'il a perdu du poids n'est à peu près jamais une bonne idée en termes de nunchi. C'est peut-être une maladie ou un deuil qui est à l'origine de la perte de poids et donc ce n'est pas idéal de mettre la question sur le tapis. Si vous voulez faire un commentaire, un simple « tu as l'air en forme » est le plus souvent compris comme un compliment.

On dit que nul n'est censé ignorer la loi, eh bien, c'est un peu la même chose en ce qui concerne l'attention qu'on porte à ce qui se passe autour de soi : si on en manque, c'est difficile d'avoir un bon nunchi.

La bonne nouvelle, c'est qu'améliorer votre nunchi vous garantit à peu près de faire beaucoup moins de faux pas et de n'offenser une personne accidentellement.

Règle n° 8 : faites preuve d'agilité, soyez rapide

Comme indiqué plus haut, quand quelqu'un est doué en matière de nunchi, les Coréens ne disent pas qu'il ou elle a un « bon » nunchi mais un nunchi « rapide ». L'expression « lentement mais sûrement » ne s'applique pas ici. Parfois, voir juste ne sert pas à grand-chose si on comprend trop tard.

Quand je pense à des exemples de personnages dotés d'un nunchi vraiment rapide dans la littérature ou au cinéma, la première chose qui me vient à l'esprit, c'est « en galère ». Un nombre disproportionné d'experts en nunchi sont des orphelins : Tom Sawyer, Becky Sharp, l'héroïne de la *Foire aux vanités* de William Thackeray, Dick Whittington, le personnage principal du film *Slumdog Millionaire* qui remporte le jeu télévisé et Gavroche, l'enfant des rues qui devient une sorte d'espion dans *Les Misérables* (ses parents ne sont pas morts mais c'est tout comme). En fait, c'est comme s'il y avait un présupposé selon lequel les difficultés obligent les orphelins à être plus malins et qu'en retour, comme ils sont plus malins, ils arrivent à s'en sortir, ce qui colle complètement à ce que les Coréens disent du nunchi : c'est l'arme secrète de ceux qui n'en ont pas d'autre.

Tom Sawyer, par exemple, utilise son nunchi pour s'éviter la corvée de nettoyage de la barrière de sa tante Polly. Dans cet épisode devenu célèbre, il utilise la psychologie inversée : il explique à ses copains que c'est très amusant de frotter et que, vraiment, ils ne savent pas ce qu'ils ratent et, du coup, c'est eux qui le font à sa place. Vous me direz que c'est l'exemple même d'utilisation du nunchi à des fins discutables ! Mais plus loin dans le roman, Tom s'en sert pour sauver la vie de ses compères en même temps que la sienne à plusieurs reprises ! Au terme de leurs aventures, c'est aussi grâce son nunchi rapide qu'il arrive à faire rester, un peu malgré lui, Huckleberry Finn dans le droit chemin.

C'est parce qu'il est malin que Gavroche arrive à trouver à manger dans les rues de Paris et même à améliorer de temps en temps son ordinaire. Son nunchi lui permet plusieurs fois de voir par-delà les apparences et c'est pour cela qu'à onze ans à peine, il devient les yeux et les oreilles d'un groupe révolutionnaire. Quand le redoutable inspecteur Javert essaie de se faire passer pour un de ses membres, c'est grâce à son œil avisé que Gavroche comprend qu'il y a quelque chose de bizarre et qu'un espion s'est infiltré.

LE NUNCHI APPLIQUÉ

Mettons que vous alliez dans votre café préféré avec votre meilleur ami. Il est bondé et vous essayez de trouver le meilleur endroit pour maximiser vos chances d'avoir la prochaine table. Vous êtes là tous les deux à dire : « Oh, lui là, il se lève… Ah non, il avait juste des fourmis dans les jambes » ou :

« Oh là celle-là ! Ah non, elle s'est juste levée pour prendre du sucre. »

Si vous vous retrouvez souvent dans cette situation avec votre ami, vous avez peut-être remarqué que c'est toujours le même qui repère la première table qui se libère. C'est parce qu'il a un meilleur nunchi que l'autre.

Les vrais experts ont cette capacité surprenante à deviner ce que les autres vont faire.

QUIZ

Qui a le plus de chance de quitter le café en premier et donc de libérer une table où vous pourrez vous installer ?

A. Le couple qui se regarde amoureusement dans le blanc des yeux.
B. Le hipster assis tout seul avec ses écouteurs devant trois tasses de café vides et son ordinateur.
C. Deux personnes bien habillées qui ont l'air mal à l'aise.
D. Un groupe de mamans avec leurs bébés et une rangée de poussettes.

Si vous avez choisi la réponse C, vous avez raison, toutes choses égales par ailleurs. Selon toute probabilité, il s'agit de collègues de bureau qui ne sont pas vraiment amis et ne veulent donc pas s'éterniser. Pour la réponse A, ne perdez pas votre temps : même s'ils ont l'air d'avoir fini, les deux tourtereaux risquent de commander un dessert ou un autre verre, donc c'est impossible de dire s'ils vont bientôt partir. Pour la réponse B, c'est vrai qu'en général les gens tout seuls restent moins longtemps mais c'est complètement imprévisible s'ils sont là avec leur ordinateur pour travailler. Pour la D, vous plaisantez ? Vous ne vous rendez pas compte du temps qu'il faut pour remettre des enfants dans leur poussette et quitter les lieux à la queue leu leu ?

CHAPITRE 6

SE FIER À SES PREMIÈRES IMPRESSIONS

« Quand les gens vous montrent leur vrai visage, croyez-les. »

Maya Angelou

« Le monde n'est qu'un théâtre,
Les hommes et les femmes ne sont que des acteurs,
Qui font leur entrée puis tirent leur révérence,
Mais chacun joue plusieurs rôles en même temps. »

William Shakespeare,
Comme il vous plaira, acte II, scène 7

Un jour, une jeune femme nommée Robyn a eu un rendez-vous avec un producteur de cinéma assez connu qui lui a dit qu'il pouvait faire quelque chose pour sa carrière. Quand Robyn, qui s'était sentie mal à l'aise pendant l'entretien sans trop savoir pourquoi, a décliné l'offre, ses amis et sa famille sont tombés des nues. Elle avait simplement trouvé le comportement du producteur un peu bizarre : il était resté assis sur son bureau pendant une bonne partie du temps, ce qu'elle avait interprété comme le signe que dépasser certaines limites ne lui posait pas de problème, même si celle-là n'avait pas une importance énorme. Tout au long de sa carrière, Robyn s'est demandé si elle avait eu raison de refuser l'offre qu'il lui avait faite, parce que cela aurait pu lui ouvrir des portes. Mais quelques années plus tard, le personnage en question s'est retrouvé sous le feu des projecteurs. Il était l'un de ces hommes haut placés qui ont perdu leur travail suite à l'affaire #MeToo.

Robyn avait donc un excellent nunchi. Elle voulait vraiment décrocher un job dans l'industrie du cinéma mais elle ne s'est pas laissé aveugler et elle a fait confiance à sa première impression qui lui disait que ce producteur n'était pas digne de confiance. Elle a suivi son instinct contre l'avis de ses proches et aujourd'hui, elle est persuadée d'avoir pris la bonne décision.

La première rencontre est toujours très instructive même si les gens n'en disent pas forcément beaucoup. Le nunchi peut vous aider à écouter mais seulement si vous vous souvenez de la Règle n° 1 : d'abord, faites le vide. Une fois que vous n'êtes plus focalisé sur la façon dont vous pensez que les choses doivent ou ne doivent pas se passer, vous vous ouvrez la possibilité de comprendre *ce qui se passe vraiment*.

Un des plus célèbres podcasts de la série policière *Dirty John* raconte l'histoire de Debra Newell, une femme divorcée de cinquante-neuf ans, qui, en 2014, rencontre un très bel homme, John Meehan, qui est médecin. Ils sont ensemble depuis à peine deux mois quand ils décident de se marier.

La fille aînée de Debra, Jacquelyn, qui est clairement très douée en nunchi, sent tout de suite qu'il y a quelque chose qui cloche chez John. Qu'est-ce qui lui met la puce à l'oreille ? Il se balade tout le temps en blouse médicale et elle commence à se demander pourquoi il n'y a jamais de tache de sang ni de fluide corporel dessus, ce qui est étrange puisqu'il est censé opérer souvent. Jacquelyn met en garde sa mère mais celle-ci n'en tient pas compte.

Vous l'avez peut-être deviné : les Newells ont rapidement découvert que John n'était pas médecin mais infirmier et qu'on lui avait retiré le droit d'exercer parce qu'il volait des médicaments dans les hôpitaux. Il était accro aux opioïdes, avait un casier judiciaire long comme le bras et était sans domicile fixe quand Debra l'a rencontré. Au moment où elle a demandé le divorce, il a commencé à les menacer, elle et sa famille. Elle n'est parvenue à s'en débarrasser que parce qu'il est mort : en position de légitime défense, Terra, la fille cadette de Debra, a tué John qui essayait de la poignarder. Dans cette histoire, il y a une personne qui n'a pas beaucoup de nunchi (Debra, la mère) et deux autres qui en ont beaucoup (ses deux filles). C'est l'angoisse de finir sa vie seule qui a conduit Debra à se convaincre elle-même que John était sa « dernière chance » de trouver l'amour et cela l'a empêchée de voir les signes démontrant qu'il lui mentait. Non seulement ses certitudes intimes l'ont aveuglée mais en plus elles l'ont conduite à ignorer les avertissements de ses filles.

Ce qui peut être très frustrant pour les experts en nunchi comme Jacquelyn et Terra c'est que, souvent, personne ne les croit avant qu'il ne soit trop tard. Cette dispute entre une mère et ses filles – qui se sont alors brouillées – résulte d'un désaccord au sujet d'une sempiternelle question : « Dois-je me fier à ma première impression ou résulte-t-elle seulement d'un *a priori* infondé ? »

Si vous pensez que le nunchi est un *a priori*, réfléchissez et demandez-vous si ce ne sont pas plutôt vos *a priori* qui assombrissent votre nunchi.

LES PREMIÈRES IMPRESSIONS : IL FAUT S'Y FIER

Beaucoup de gens refusent de croire au bien-fondé de leurs premières impressions parce que la société nous dit d'être indulgents et de laisser à tout le monde le bénéfice du doute, quelles que soient les circonstances. Eh bien, moi, je vous dis que la société se trompe.

Nos civilisations sont vieilles d'à peine quelques milliers d'années et vous n'êtes probablement sur terre que depuis quelques décennies alors que notre instinct de survie est le produit de millions d'années d'évolution et est littéralement inscrit au plus profond de notre ADN. Lequel a le moins de chances de se tromper ?

J'entends vos objections. Dire aux gens de se fier à leurs premières impressions, c'est faire peu de cas de l'éducation civilisée qu'on nous a transmise. Ce n'est pas politiquement correct. Ce ne sont que des jugements hâtifs faits sur la base de préjugés racistes, sexistes, rétrogrades pour faire court, n'est-ce pas ?

Pas de doute : le sectarisme, ça existe. Bien sûr, parfois des gens se font de fausses idées sur les autres et se sentent menacés au seul motif de l'origine ethnique, de la classe sociale, de la religion ou de l'orientation sexuelle. Soyons clairs : cela n'a rien à voir avec le nunchi. Je dirais même que le nunchi est le meilleur remède *contre* ce genre de raisonnement pour la bonne raison qu'il vous incite à être en permanence attentif à vos idées reçues.

Ce qui est injuste, c'est de continuer à croire quelque chose alors que vous avez la preuve du contraire sous les yeux. Les préjugés sont déterminés une bonne fois pour toutes et imperméables aux informations nouvelles. Au contraire, une première impression basée sur le nunchi est ce que vous percevez quand vous avez commencé par activer votre nunchi avant de faire quoi que ce soit et que vous laissez la magie opérer.

Les préjugés ont souvent tort. Le nunchi a souvent raison.

Comme le dit Sherlock Holmes : « Les faits ! les faits ! les faits[7] ! »

Pour vraiment apprendre à connaître une personne, un environnement professionnel ou une situation nouvelle, le seul moyen est de récupérer le plus d'informations possible. Mais recueillir des éléments ne vous sera d'aucune utilité si vous ne vous êtes pas d'abord fait une première impression à l'aide de votre nunchi : vous risquez de passer à côté des informations les plus pertinentes.

Il faut que vous forgiez des hypothèses à partir de votre nunchi et, ensuite, que vous utilisiez le fruit de vos observations pour les corroborer ou au contraire les infirmer.

Imaginons que vous veniez de changer de poste et qu'un de vos nouveaux collègues n'arrête pas de vous répéter qu'il a autant de succès au boulot que dans la vie en général et à quel point il est apprécié par le patron. De prime abord, vous vous dites qu'il est vraiment pénible à s'autocongratuler constamment, et vous avez peut-être raison, mais il faut que vous utilisiez votre nunchi pour aller un peu au-delà et vous demander pourquoi il éprouve le besoin de se comporter comme ça avec un nouveau membre de l'équipe.

C'est le moment de vous rappeler la Règle n° 3 : quand vous entrez dans une pièce, rappelez-vous que les autres y sont depuis plus longtemps que vous. Observez-les pour acquérir de l'information sur votre nouvel environnement professionnel.

Est-ce que dans le coin cuisine vous avez entendu quelqu'un dire : « Ils ne sont pas gênés les nouveaux ! Ils ont bu toutes les boissons et mangé toutes les pistaches ! » Hmm… Donc, plusieurs personnes ont pris leurs fonctions le même jour. Vous commencez à vous demander pourquoi M. Jesuistrèsfort est aussi remonté contre les nouveaux arrivants. Peut-être qu'il convoitait votre poste et qu'il veut vous remettre à votre place ? Vous tenez votre hypothèse basée sur le nunchi ! Surtout, ne vous emballez pas : commencez à recueillir les informations qui vont vous permettre de comprendre la structure de l'entreprise et quelle place vous et vos collègues y occupez. Soyez attentif à la façon dont les autres se comportent avec vous : est-ce que ceux qui sont là depuis longtemps gardent ostensiblement leurs distances tandis que ceux qui sont arrivés plus récemment se montrent plus ouverts ? Qui sont les personnes avec qui M. Jesuistrèsfort déjeune ? Est-ce qu'elles se comportent aussi bizarrement avec vous ? Emmagasinez les nouvelles informations et adaptez-vous. Ne vous enfermez pas dans un schéma de pensée simplement parce qu'il vous arrange : vous risquez de manquer de perspective et de mal interpréter ce qui se passe. Et n'excluez pas la possibilité que la meilleure explication soit la moins compliquée : M. Jesuistrèsfort est peut-être juste très content de lui.

Le nunchi est aussi un excellent outil pour combattre ce qui pourrit régulièrement la vie des gens : le déni. Malheureusement, c'est comme si on faisait parfois exprès de ne voir que les mauvaises informations pour ne pas être obligé de regarder les choses en face. La nature humaine, sans doute. Si vous rencontrez quelqu'un de très attirant ou si on vous fait une proposition trop belle pour être vraie, vous n'allez retenir que les informations qui vont dans le sens de ce que vous voulez. C'est à ce moment précis qu'il faut faire preuve de discernement en activant votre nunchi pour comprendre non seulement ce qui se passe, mais pourquoi.

Shakespeare se trompe rarement, donc écoutez ce qu'il nous dit. Quand vous entrez dans une pièce – que ce soit pour une conférence, une soirée ou une réunion de famille –, faites comme si c'était une scène de théâtre. Tout le monde y joue un rôle, en interagissant avec les autres comme en restant à l'écart.

Dans une pièce de théâtre, quand un personnage arrive sur scène, il se passe toujours quelque chose. Qu'il s'agisse d'un protagoniste ou d'un second rôle, c'est un indice pour comprendre dans quelle direction l'action va aller. C'est vrai même quand la personne qui arrive ne doit en fait pas être là. Il y a quelques années, au cours d'une représentation à laquelle j'assistais, un des personnages était censé tenir une robe noire pour la montrer à sa sœur. Mais il n'y avait pas de robe. L'accessoiriste a dû se faufiler discrètement pour l'apporter en plein milieu de la scène. Cela a complètement modifié l'expérience visuelle des spectateurs qui, à l'entracte, ne parlaient pas de la pièce mais uniquement de l'accessoiriste.

Un expert en nunchi regarde l'endroit où il se trouve de la même façon qu'un spectateur regarde une pièce de théâtre. Chaque personne présente compte parce qu'elle a un effet sur le « climat » du lieu, que ce soit en mettant le feu au dancefloor ou en étant complètement transparente, qu'il s'agisse de l'hôte ou du personnel de maison. L'histoire d'une pièce est en constante évolution. Votre nunchi doit l'être aussi. Restez attentif au moindre développement.

Imaginons qu'à une soirée vous rencontriez Flavio, un homme séduisant et charmeur qui se dit juriste dans le domaine des droits de l'homme. Tout semble indiquer que c'est quelqu'un de vraiment intéressant et, franchement, il vous plaît bien. Vous discutez depuis une demi-heure quand une femme s'approche et balance à Flavio : « Qu'est-ce que tu fais ici ? Laisse-moi tranquille » et repart aussi sec.

Flavio vous dit : « Laisse tomber, c'est une folle. »

Cette femme est une nouvelle pièce du puzzle et elle vous a apporté une nouvelle information : vous devez vous y adapter. Il est possible qu'elle soit vraiment « folle » ; mais, d'un autre côté, il ne vous a pas échappé que, quand des gens traitent les autres de « fous », c'est assez suspect. À ce stade, vous n'avez pas assez d'information pour trancher. Mais cela ne veut pas dire qu'il faut faire comme si de rien n'était simplement parce que ce dont vous avez été témoin est en contradiction avec votre première impression qui vous disait que Flavio était quelqu'un de fréquentable.

Pas la peine de l'éconduire brusquement mais, compte tenu de ces éléments, vous en apprendrez plus sur lui en vous éloignant un peu. Allez discuter avec d'autres personnes, parcourez les livres dans la bibliothèque, admirez la déco tout en l'observant du coin de l'œil pour voir comment il se comporte avec les autres. Laissez-lui un peu d'espace pour qu'il puisse montrer qui il est vraiment. Est-ce qu'il boude parce que vous l'ignorez ? Est-ce qu'il fait du charme à quelqu'un d'autre ? Il vous colle aux basques ? Il va plusieurs fois aux toilettes et en revient en reniflant et les yeux rougis ? Il y a de grandes chances pour que vous ayez largement de quoi vous faire une idée à la fin de la soirée.

Vous vous dites peut-être que décidément, le nunchi, c'est du boulot ! Mais vous savez ce qui demande encore plus d'efforts ? Obtenir une ordonnance restrictive pour vous protéger de quelqu'un.

En d'autres termes, un gramme de prévention vaut mieux qu'un kilo de réparation ! Vous n'avez pas à vous excuser de vous être fait une opinion sur quelqu'un à partir de votre nunchi. Vous n'avez à prouver à personne que vous avez « gagné » le droit de décider à qui vous faites confiance ou pas.

COMMENT LES GENS DANGEREUX UTILISENT LE NUNCHI... ET COMMENT LE VÔTRE PEUT VOUS AIDER À LES REPÉRER

Le nunchi est un puissant outil qui est parfois mis au service de fins discutables. Escrocs et imposteurs en tout genre le manient en général à la perfection et parviennent ainsi à lire très rapidement les gens qu'ils rencontrent.

Les médiums en sont une parfaite illustration : armés de leur nunchi, ils vous attendent sous les néons de leur cabinet de consultation, prêts à vous alpaguer et à vous fourrer leurs brochures dans les mains. Bob Nygaard, un agent retraité de la police de New York, travaille aujourd'hui comme détective privé en Floride et s'est spécialisé dans la lutte contre ce genre de pratiques. Il a permis à ses clients de récupérer des millions et a fait envoyer bon nombre de charlatans derrière les barreaux. Il m'a expliqué leur façon de procéder : « Une des premières choses que le medium voit par la fenêtre de son magasin, c'est le type de voiture que vous conduisez. Une Mercedes ou une vieille guimbarde ? Ensuite, vous sortez de la voiture : est-ce que vous marchez d'un pas assuré ? Est-ce qu'on dirait que vous venez de pleurer ? Que vous venez de recevoir un diagnostic pas très réjouissant ? Après, quand vous commencez à discuter : est-ce que vous portez une croix autour du cou ? S'il est en face d'une personne qui n'affiche pas sa foi religieuse, il ne dira pas "Notre rencontre, c'est la volonté de Dieu" mais "Nous étions faits pour nous rencontrer." »

Nygaard insiste sur l'importance de réexaminer ses conclusions à partir des éléments nouveaux. « Quand je me suis fait avoir dans mon travail de détective, c'était parce que je m'étais fait une idée à partir de raisonnements erronés. Il faut garder l'esprit ouvert en toutes circonstances. Comment est-ce que Sherlock Holmes fait pour résoudre les enquêtes ? Il garde l'esprit ouvert. »

Au fur et à mesure que vous perfectionnerez votre nunchi, vous serez peut-être confronté à une espèce de choc des cultures parce que des gens vous reprocheront de décider que vous n'aimez pas quelqu'un alors que cette personne n'a pas (encore) été violente, commis un crime ni proféré des appels au meurtre en public. Bizarrement, pour certains, on n'a pas d'explication à donner quand on aime bien quelqu'un mais on a intérêt à avoir des arguments solides quand c'est le contraire.

Rappelez-vous que si votre nunchi a pu opérer normalement et qu'il vous dit qu'une personne est dangereuse ou simplement vous met mal à l'aise, vous n'avez pas à « gagner » le droit de ne pas sentir cette personne.

Les Coréens ne sont pas particulièrement méfiants mais cela ne veut pas dire pour autant qu'ils pensent automatiquement que tout le monde n'a que de bonnes intentions. Ils réservent leur jugement tant qu'ils ne peuvent pas déterminer si quelqu'un est digne de confiance ou fréquentable.

C'est pour cela que vous avez besoin de votre nunchi. D'abord, faites le vide et ensuite, laissez le nunchi faire son travail.

Priti a grandi dans un environnement culturel où les mariages arrangés – mais pas forcés – sont monnaie courante. Ses parents ont donc engagé une marieuse pour lui trouver quelqu'un mais il n'était pas question de l'obliger à épouser qui que ce soit. Néanmoins, il était clairement établi que Priti et les prétendants potentiels n'avaient que quelques semaines pour décider s'ils voulaient se fiancer ou non. Ils pouvaient se voir autant de fois qu'ils voulaient pendant cette période mais il ne fallait pas non plus faire traîner les choses : les parents de Priti avaient payé quelqu'un pour lui trouver un mari, pas un petit ami avec qui elle pourrait découvrir la vie de couple avant de décider de l'épouser et d'avoir des enfants. Pour trouver un mari en aussi peu de temps et avec aussi peu d'informations, il faut un nunchi de haute précision.

Priti a donc dit à la marieuse ce qu'elle recherchait chez un homme : elle voulait quelqu'un de grand, riche et qui soit ingénieur ou médecin. C'était non négociable. Mais après des dizaines de rendez-vous infructueux avec des profils de ce type, sa mère lui a suggéré quelque chose d'intéressant : pourquoi ne pas demander à la marieuse d'inclure de temps en temps parmi les candidats potentiels une *wild-card*, c'est-à-dire un homme avec qui elle pensait que cela pourrait peut-être marcher même s'il ne cochait pas toutes les cases pour Priti.

Vous imaginez la suite. La première *wild-card*, Amit, n'était pas très grand et en plus, il était juriste – une profession que Priti avait exclue dès le départ à cause d'une mauvaise expérience avec un petit ami à l'université.

Priti n'a pas eu le coup de foudre au premier regard. Amit n'a pas essayé de « se vendre » pour lui plaire. Il était assez cultivé et avait pas mal voyagé mais il n'était pas le genre à enchaîner les blagues. À la fin de leur rendez-vous, Priti n'avait pas l'impression d'avoir réussi à le cerner – parce qu'il avait adopté une attitude tout en rondeur et n'avait pas offert d'angles d'attaque qu'elle aurait pu utiliser. Contrairement aux autres qu'elle appelait « Pochette en croco » ou « M. Jejoueaugolf », elle n'avait pas de quoi donner à Amit un surnom pour en parler à ses copines.

Elle était juste ressortie du rendez-vous avec un ressenti : c'était la première fois qu'elle était détendue alors que les autres fois, elle était stressée. Sur les conseils de sa mère, Priti a donné sa chance à Amit et ils se sont revus plusieurs fois. Elle a laissé tomber sa checklist et s'est fiée à son nunchi. Dès qu'elle a ouvert son esprit, elle a pris conscience des qualités qu'elle recherchait sans le savoir : Amit était patient, attentionné sans rien exiger en retour et il savait écouter. Quelques années plus tard, ils sont mariés, heureux et parents de deux adorables enfants.

NE PASSEZ PAS OUTRE VOTRE NUNCHI

Le nunchi permet trois choses : créer de l'harmonie ; obtenir ce que vous voulez ; ne pas vous mettre en danger. Mon impression est que les femmes sont naturellement assez bonnes sur le premier point, qu'elles arrivent en général à apprendre comment obtenir ce qu'elles veulent mais que, quand il s'agit de se protéger, elles ont en revanche trop souvent tendance à passer outre ce que leur dit instinctivement leur nunchi.

C'est particulièrement vrai dans l'environnement professionnel : la plupart du temps, les femmes comprennent tout à fait ce qui se passe mais ne se fient pas à leur jugement – surtout dans les pays occidentaux. En Corée, le nunchi n'est pas considéré comme une qualité uniquement « féminine » et les femmes coréennes n'ont aucun problème à faire confiance à leur intuition ; de plus, malgré la persistance du sexisme dans la société coréenne, le nunchi des femmes n'est pas tenu en moins haute estime que celui des hommes.

Au travail, beaucoup de femmes se disent : « Il m'arrive de me tromper donc je me trompe sûrement sur ce coup-là. » C'est assez pervers. Même les femmes les plus qualifiées réagissent de cette façon. Et parfois, douter d'elles-mêmes les conduit à faire des erreurs de jugement qui peuvent être dommageables pour leur carrière.

Xenia est productrice d'émissions d'information pour la radio. Il y a quelques années, elle devait embaucher un nouveau présentateur. Avec deux autres membres importants de l'équipe, elle a interviewé un candidat, Sam, qui semblait correspondre au profil recherché : les bouts d'essai qu'il avait effectués étaient satisfaisants, il avait l'air charmant et avait une bonne connaissance du public cible. Mais pendant le processus de recrutement, il a dit deux ou trois choses qui ont mis en alerte le nunchi de Xenia.

Par exemple, sans que cela ait un rapport avec la discussion, il a demandé : « Est-ce que les femmes sont payées comme les hommes ? Je trouve les inégalités de salaire sur la base du genre inacceptables. » Un peu plus tard, sans qu'on lui ait rien demandé, il a dit : « Ma compagne milite pour le libre choix en matière d'avortement et moi aussi. »

En apparence, tout laissait penser que c'était un féministe. Mais quelque chose chez Sam dérangeait Xenia. Elle se disait : « Il se défend tellement qu'il s'accuse. » De plus, son langage corporel lui donnait l'impression qu'il mentait : à chaque fois qu'il expliquait à quel point il était féministe, Sam avait le regard fixé sur la table et ne regardait pas ses interlocuteurs dans les yeux.

Du coup, Xenia avait du mal à lui faire confiance mais ses deux collègues pensaient que ce n'était pas juste de dire qu'il « avait l'air » d'un menteur ; alors elle s'est laissé convaincre que ce n'était pas très rationnel et Sam a été embauché.

Moins d'un an plus tard, Xenia et une dizaine d'autres membres de l'équipe avaient perdu leur travail à cause de lui. En effet, un des invités de l'émission avait appelé la maison mère de la station de radio pour leur dire que Sam avait fait des avances à son assistante pendant qu'il la « conduisait » aux toilettes. Quand cela s'est ébruité, deux stagiaires qui travaillaient avec Sam ont dit aux RH que leurs collègues masculins avaient droit à des notes de frais mais pas elles. Et d'autres histoires de conduites inappropriées ont fait surface. L'émission a été suspendue pour une durée indéterminée.

Xenia est retombée sur ses pieds depuis mais elle regrette de ne pas s'être fiée à son nunchi et de ne pas avoir bloqué le recrutement de Sam.

Ne prenez pas pour argent comptant tout ce que les gens vous disent : le plus important, c'est ce que vous disent vos sens.

Maria Konnikova, une psychologue renommée spécialisée dans la lutte contre les escroqueries, est récemment devenue une joueuse de poker professionnelle à succès qui n'a pas son pareil pour « lire » les adversaires, c'est-à-dire deviner leur main à partir de leurs attitudes. Selon elle, les gens passent à côté de l'essentiel. Elle m'a dit : « Beaucoup pensent qu'en vous regardant fixement dans les yeux, ils vont forcément déceler le moment où vous allez vous trahir. Personnellement, j'attache nettement plus d'importance à d'autres aspects du comportement : les histoires que les gens racontent, quand elles tiennent debout ou au contraire quand ils racontent des bobards. »

Konnika recommande de se méfier de ce qu'on pourrait prendre pour une preuve : « L'information n'a de sens que dans son contexte. » Cela correspond au principe du nunchi évoqué plus haut : on doit raisonner à l'échelle de la pièce. Ce qui compte, ce n'est pas vous ; ce n'est même pas seulement votre table de poker.

C'est pourquoi vous devez apprendre à vous fier à votre nunchi plutôt qu'aux différents « chiffons rouges » sur lesquels on vous a dit de vous focaliser. Votre propre intuition est le meilleur guide pour déterminer à qui faire confiance.

Ceux qui rentrent le ventre

L'alpha et l'oméga du nunchi, c'est d'être capable de réajuster rapidement votre lecture d'une personne, d'une pièce ou d'une situation à partir d'une nouvelle information. Ne perdez pas de vue que la pièce où vous vous trouvez maintenant n'est plus celle dans laquelle vous êtes entré il y a une demi-heure.

Pourquoi est-ce si important de s'adapter au changement ? Parce que la plupart des gens arrivent à bien se conduire sur une courte période. Vous devez pouvoir déterminer s'ils sont capables de le faire sur le plus long terme.

Pour les usurpateurs d'identité comme Dirty John, ce n'est pas naturel de bien se comporter et donc cela ne dure jamais très longtemps. Disons que vous êtes à une soirée et que vous rencontrez quelqu'un qui vous attire vraiment. Vous allez peut-être instinctivement rentrer votre ventre pour avoir l'air plus mince. Mais vous pouvez faire ça pendant combien de temps ? C'est difficile de le faire plus de, disons, dix minutes ; rapidement, ça commence à être douloureux et ça devient compliqué de respirer. C'est peut-être jouable de le faire toute une journée en faisant des pauses mais pas de façon continue.

Avec un bon nunchi, vous serez en mesure de repérer les personnes qui, pour le dire de façon métaphorique, rentrent leur ventre. En fonction de la personne en question et de son degré de mensonge, vous allez peut-être trouver son petit jeu plutôt drôle ou considérer que cela ne mérite pas plus qu'un « carton jaune » qu'il ne faudra quand même pas oublier, mais vous pouvez aussi vous dire que le jeu n'en vaut pas la chandelle et que vous n'avez pas besoin de cette personne dans votre vie. Votre opinion sur les gens doit être aussi fluide que la situation elle-même.

Le nunchi permet de faire la différence entre une personne qui « rentre le ventre » juste pour apparaître sous un meilleur jour (si elle est nerveuse pendant un entretien ou un premier rendez-vous) et une autre qui veut carrément vous tromper pour masquer ses mauvaises intentions. Soyez attentif au contexte – tout le monde rentre le ventre de temps en temps.

LES PERSONNALITÉS NARCISSIQUES SONT TRAHIES PAR LEUR MANQUE DE NUNCHI

Vous devrez souvent avoir recours à votre nunchi pour repérer que quelqu'un *en manque*. Je ne parle pas des gens peu malins, qui sont relativement inoffensifs. Ce que je veux dire, c'est que j'ai constaté que les personnes qui manquent *vraiment* de nunchi sont souvent des personnalités narcissiques mal intentionnées. Les vrais narcissiques ne voient dans autrui qu'un moyen d'arriver à leurs fins ; si leurs actions causent du tort aux autres, pour eux, c'est un dommage collatéral et rien de plus. Ils n'ont pas de radar relationnel parce qu'ils n'en voient pas l'utilité ; les autres ne sont pas dignes d'être pris en compte.

Le risque, c'est d'être déjà largement impliqué au moment où vous réalisez que vous avez en face de vous un pervers narcissique, comme Dirty John, donc il vaut mieux essayer de les repérer le plus tôt possible. Souvenez-vous de la Règle n° 1 : faites le vide. Premièrement, essayez de mettre de côté vos *a priori* et de voir les gens tels qu'ils sont et non tels que vous voudriez qu'ils soient (« mon futur mari », « ma dernière chance de trouver l'amour »). Deuxièmement, regardez ce qu'il en est en matière de sens de l'humour. Je pense qu'un des signes qui témoignent d'une tendance narcissique, c'est la certitude d'avoir un sens de l'humour extraordinaire.

Je ne parle pas des gens qui font des petites plaisanteries mignonnes mais pas très drôles « à la papa » : un pervers narcissique n'acceptera pas que personne ne rie à ses blagues.

Au cours d'une soirée, Odin n'arrêtait pas de raconter des histoires drôles mais elles tombaient toutes à plat. Il s'est entêté et a fait des blagues de plus en plus limites pour attirer l'attention. À un moment, quelqu'un lui a dit : « Ce n'est pas très drôle. » Toute personne avec un tant soit peu de nunchi aurait pris ce commentaire pour ce qu'il était – une invitation polie à passer à autre chose – mais Odin a continué et a fini par ne plus être écouté par personne. Un peu plus tard, des invités l'ont entendu se plaindre à sa compagne : « Elles sont drôles, mes blagues. Ce sont *eux* qui n'ont pas d'humour. » Ne pas avoir beaucoup de nunchi, passe encore, mais dans de telles proportions, c'est vraiment le signe d'une tendance narcissique. La preuve : quelques mois plus tard, on a appris qu'Odin avait escroqué une grosse somme d'argent à sa copine.

Quand une personne prend vraiment mal le fait qu'on ne rigole pas à ses blagues, c'est bien souvent à cause d'un désir irrépressible, et typiquement narcissique, d'être aimée *quoi qu'elle fasse*. Il faut prendre ses jambes à son cou !

C'est précisément parce que les narcissiques sont dangereux que je mets l'accent sur le nunchi plutôt que sur l'empathie : le nunchi vous protège tandis que l'empathie peut vous empêcher de vous extirper de leurs griffes. En fait, plus on a tendance à faire preuve d'empathie, plus on risque d'attirer les narcissiques qui ne perçoivent que trop bien qu'à force de se mettre « à leur place », une personne peut malheureusement finir par s'oublier elle-même totalement.

Au contraire, le nunchi vous aide à comprendre *sans perdre pied* ce que l'autre pense ou ressent. Il faut tout faire pour se libérer de cette emprise le plus tôt possible.

COMMENT SE FAIRE UNE IDÉE PRÉCISE SUR LES GENS

Comment se faire un avis raisonné et objectif sur quelqu'un ? La personne vous donnera toutes les informations dont vous avez besoin, volontairement ou non. Si vous avez des doutes sur quelqu'un que vous venez de rencontrer, c'est un indice que les apparences sont peut-être trompeuses. Votre nunchi doit vous inciter à recueillir des informations pour étayer cette première impression. Voici une méthode que vous pouvez immédiatement appliquer étape par étape, sans que cela paraisse bizarre.

Étape 1 : reprenez la règle n° 1 du nunchi et faites le vide

Chacun procède à sa façon pour y parvenir et il vous faudra peut-être un peu de temps pour trouver ce qui vous convient le mieux. Quand j'étais petite, je participais à des concours de piano et, dès que je m'asseyais sur le tabouret, je me disais : « Je ne suis pas là. Euny la personne est absente ; il n'y a que Euny la pianiste. » Je le fais encore aujourd'hui pour des entretiens d'embauche ou même dans la vie de tous les jours, à chaque fois que j'ai besoin d'y voir clair.

Pour beaucoup de gens, le moyen le plus simple de se recentrer sur eux-mêmes est de respirer profondément. Que ce soit devant tout le monde ou aux toilettes, à l'abri des regards, faites-le. Je sais, c'est un cliché, mais cela ne veut pas dire que cela ne marche pas. On vous l'a sûrement dit des centaines de fois, cela permet de réduire l'anxiété et de faire le vide dans la tête. Votre nunchi peut commencer à se mettre en marche.

Deux techniques sont particulièrement efficaces : la respiration 4-7-8 et la boîte à respirer. Elles aident votre cerveau à réduire le niveau de cortisol – l'hormone du stress. C'est un spécialiste du bien-être, le docteur Andrew Weil, qui a fait connaître la respiration 4-7-8 ; les trois chiffres représentent le nombre de séquences. On inspire par le nez et on expire par la bouche. Inspirez en comptant jusqu'à 4, retenez votre respiration en comptant jusqu'à 7 et expirez en comptant jusqu'à 8, puis recommencez. Pourquoi ces durées irrégulières ? Précisément parce qu'elles sont irrégulières : vous devez vous concentrer pour compter. Pendant que vous le faites, l'afflux d'oxygène vous aide à vous relaxer.

La boîte à respirer se déroule en quatre étapes de même durée : inspirez, retenez votre respiration, expirez, retenez votre respiration, à chaque fois en comptant jusqu'à 4. Et recommencez. Si vous êtes déjà au milieu d'une conversation, vous pouvez faire la version courte : respirez en comptant jusqu'à 4, expirez pendant la même durée, pendant que votre interlocuteur est en train de parler. Une seule fois peut suffire.

Si vous avez l'impression d'être trop stressé pour que les techniques de respiration soient efficaces, allez aux toilettes et passez vos poignets sous l'eau froide pendant cinq minutes (c'est encore mieux de plonger votre visage, mais attention au maquillage !). Certains pensent que cela déclenche ce qu'on appelle le « réflexe d'immersion des mammifères », c'est-à-dire que si votre cerveau croit que vous allez vous retrouver sous l'eau, votre corps réagit en ralentissant votre métabolisme pour éviter la noyade.

Étape 2 : faites extrêmement attention à la façon dont l'autre personne veut qu'on lui dise bonjour

Rappelez-vous la Règle n° 6 : lire entre les lignes – dès l'instant où vos yeux se posent sur quelqu'un, avant même de dire bonjour. Les premiers échanges sont extrêmement importants. Ne pensez pas que tout le monde dit bonjour de la même façon que vous et vos amis. L'oublier peut faire passer aux autres l'envie de mieux vous connaître.

J'ai en tête de nombreux exemples de fois où quelqu'un a essayé de dire bonjour de façon un peu formelle mais s'est retrouvé compressé entre les bras d'un membre de la famille d'un ami qui lui donnait l'accolade « à l'américaine » en disant : « Dans notre famille, on se fait des *hugs.* » Qu'est-ce qui leur passe par la tête ? Beaucoup de gens détestent ça ! En gros, ça revient à dire : « On est plus nombreux, donc on peut faire ce qu'on veut. »

Quand vous rencontrez une personne, *qui que ce soit*, pour la première fois, observez-la pour déterminer comment elle veut qu'on lui dise bonjour. Est-ce qu'elle s'incline légèrement comme dans beaucoup de pays asiatiques ? Est-ce qu'elle tend la main ? Une bise à la française ou – cela peut arriver – rien de tout cela ? N'embrassez pas directement l'époux/épouse de votre collègue : vous n'en savez rien mais peut-être que, pour eux, un homme et une femme qui ne sont pas mariés ne sont pas censés se toucher et vous risquez de les offenser.

Différence culturelle ou non, il y a des gens qui n'aiment pas qu'on les touche – donc ne partez pas du principe que tout le monde aime ça.

Un célèbre investisseur américain est particulièrement germaphobe, au point de prendre un Kleenex pour ouvrir une porte parce qu'il ne veut rien toucher directement. Que vous soyez au courant ou non, si vous êtes un expert en nunchi, vous remarquerez qu'à chaque réunion, il garde ses mains derrière son dos pour éviter les « serrages de louches » et que, même si ses amis sont autour de lui, ils se tiennent toujours à bonne distance.

N'envahissez pas les gens. Chacun est libre de décider à combien de centimètres de lui les autres doivent se tenir et, en général, cela se voit de façon extrêmement claire à leur attitude. Soyez attentif.

Étape 3 : baissez le son pour vraiment « entendre » la personne

Ne vous focalisez pas uniquement sur les mots qui sortent de la bouche de votre interlocuteur – pensez au contexte général, pensez à ses *a priori* et à son système de valeurs.

Est-ce qu'il vous arrive de regarder la télé en coupant le son – par exemple parce que vous êtes au téléphone mais que vous ne voulez rien rater de votre série préférée ? Si c'est le cas, vous avez sûrement remarqué que cela ne vous empêche pas de continuer à comprendre ce qui se passe.

Si on voit un couple en train de s'embrasser sur un lit et que soudain les amoureux se lèvent au moment où un homme entre dans la chambre, ce n'est pas très difficile d'en déduire qu'ils avaient une liaison. Si l'un des suspects dans une énigme à la Agatha Christie part en courant, cela veut dire que l'enquêteur l'a démasqué.

Le nunchi vous permet de comprendre la situation à partir des clés non verbales, en particulier les expressions du visage et le langage corporel.

Votre collègue vous a peut-être repris calmement et sur un ton apaisant mais vous avez bien relevé ses épaules raides, ses yeux fixes et son regard furieux. C'est plus sérieux qu'il n'y paraît et vous feriez bien de ne pas vous éterniser.

Être attentif à ce qui n'est pas dit peut vous en apprendre beaucoup plus que qu'écouter religieusement chaque mot.

Suivez les étapes suivantes même si, évidemment, cela ne suffit pas à tout comprendre instantanément. Cela vous aidera au moins à percevoir que vous avez besoin de plus d'informations dans tel ou tel domaine pour consolider vos hypothèses. Collecter des informations grâce à votre nunchi est toujours utile.

Le contexte et le nunchi

Nous aimons tous penser qu'il n'est pas très évolué de se fier à sa première impression. Nous nous trouvons bien trop modernes, bien trop malins pour être conditionnés inconsciemment par nos *a priori* et donc nous refusons par principe de juger les gens sur leurs apparences. Sauf qu'on le fait tout le temps.

Un des mécanismes d'apprentissage est de comparer les nouvelles situations aux précédentes : si la situation X présente un ou deux points communs avec la situation Y que nous avons déjà vécue, notre cerveau fait comme si elles étaient très probablement *identiques* en tout point. C'est pratique quand il s'agit de guêpes qui peuvent vous piquer mais pas très utile quand il s'agit de se faire une opinion sur quelqu'un.

Dans le cadre d'une étude publiée par l'Académie nationale des sciences américaine en 2018[8], des chercheurs ont montré aux participants des photos d'inconnus et leur ont demandé de leur dire lesquels avaient l'air dignes de confiance. Ce que les participants ne savaient pas, c'est que certaines photos présentaient en fait le même visage mais légèrement photoshopé. Devinez quoi ? Une fois qu'un participant avait décidé qu'un visage lui inspirait confiance, il en sélectionnait aussi les versions retouchées.

Que vous vous sentiez un point commun avec telle personne parce qu'elle porte les mêmes chaussures que vous, qu'au contraire vous n'ayez pas très envie de vous approcher d'un type qui sent mauvais dans les transports publics ou encore que vous ne vouliez pas vous asseoir à côté de celui qui porte un tee-shirt sur lequel il y a un message politique qui vous déplaît, vous êtes tout le temps en train de juger et souvent sans même vous en rendre compte. Et tout le monde fait pareil.

Maya adore son tee-shirt sur lequel est écrite une phrase du batteur des Rolling Stones, Keith Richards : « Je n'ai jamais eu de problème de drogue. J'ai eu un problème de police. » Elle ne consomme pas de drogue et n'a jamais eu maille à partir avec la maréchaussée ; c'est juste de l'ironie. Comme elle habite dans un quartier branché de Brooklyn, les gens l'arrêtent souvent dans la rue pour lui dire qu'ils la trouvent cool. Sauf qu'un jour, Maya portait ce tee-shirt alors qu'elle devait prendre un vol international et, à l'aéroport, elle s'est retrouvée face à des services de sécurité qui n'avaient pas exactement le même sens de l'humour. Ils l'ont prise à part, l'ont fouillée et lui ont demandé les raisons de son voyage.

Clairement, les agents ont surréagi parce que ce n'est qu'un tee-shirt mais Maya n'a pas fait preuve de beaucoup de nunchi : elle n'a pas pris en compte le contexte. Elle n'a rien fait de mal mais son tee-shirt offre des prises que d'autres peuvent saisir et, en l'occurrence, ce qui est marrant et sympa à Brooklyn lui a fait passer un moment désagréable à la sécurité à l'aéroport. Personne n'a envie que cela lui arrive. Arborez les messages que vous voulez, bien sûr, mais prenez en compte le contexte pour bien mesurer les effets, même involontaires, que cela peut entraîner.

J'insiste sur le contexte parce qu'il permet de ne pas oublier une des règles implicites du nunchi : il ne s'agit pas que de vous. Consciemment ou non, nous agissons toujours en fonction des signaux que nous recevons. Attention à ne pas offrir trop de prises aux gens.

La carrière d'un politicien peut dépendre de sa capacité à lire le contexte. Rappelez-vous la façon dont se sont déroulées les visites au Salon de l'agriculture de Jacques Chirac et de Nicolas Sarkozy. Chirac était chaleureux et passait son temps à féliciter les agriculteurs pour leurs bières et leurs fromages, qu'il avalait comme s'il s'agissait de nectar et d'ambroisie. Il avait compris le contexte. Les producteurs en étaient rouges de fierté et sa popularité a grimpé en flèche.

Cela ne s'est pas aussi bien passé pour Sarkozy : il avait l'air d'être là pour marchander avec les exposants, agitait son index sous leur nez en signe de fermeté et leur faisait la leçon sur les prix des matières premières agricoles dans l'Union européenne. Au cours de ce qui était censé être un bain de foule, un visiteur du salon visiblement en colère a refusé de lui serrer la main et Nicolas Sarkozy est sorti de ses gonds en lui envoyant le désormais célèbre « Casse-toi pauv' con ». Une catastrophe en termes de relations publiques. Sur ce coup-là, le président ne s'est pas seulement montré vulgaire : il a terriblement manqué de nunchi en oubliant le contexte. S'il avait eu un accrochage avec quelqu'un d'aussi puissant que lui et tancé un oligarque corrompu, les médias l'auraient porté aux nues. Mais c'est face à un citoyen ordinaire qu'il a perdu son calme, et au Salon de l'agriculture en plus – l'endroit qui a peut-être l'image la plus « authentique » et « terroir ». Médias et grand public ne l'ont pas raté. Quand on devient célèbre, on perd le privilège de pouvoir ignorer le contexte, surtout quand la moindre gaffe immortalisée en vidéo devient virale comme c'est le cas aujourd'hui.

Le nunchi exige de trouver un équilibre entre, d'une part, être soi-même et, d'autre part, adopter les règles de conduite qui vont vous permettre d'atteindre vos objectifs en minimisant les risques de friction (y compris avec vous-même).

Faire une bonne première impression

Dans certaines circonstances, on souhaite particulièrement faire bonne impression, quand on rencontre les parents de son bien-aimé pour la première fois ou quand on nous présente quelqu'un qui peut nous aider professionnellement, par exemple. Dans les pays occidentaux, on vous conseille dans ce genre de situation de vous focaliser sur vous-même : donner une poignée de main ferme, regarder les gens dans les yeux, parler distinctement et avec confiance. Le nunchi vous conseille de procéder différemment : pour mieux comprendre quelle attitude adopter, ne vous concentrez pas sur vous mais laissez au contraire la personne dont l'opinion compte guider votre comportement.

Un bon moyen d'y parvenir, c'est de faire la même chose que l'autre personne, ce que nous faisons d'ailleurs inconsciemment et qui, comme le montre l'exemple du sommet entre les deux Corées, témoigne d'approches convergentes. Il s'agit de copier la gestuelle de son interlocuteur, son intonation et même d'utiliser les mêmes mots – avec subtilité, pas d'une façon dérangeante comme dans le film *J. F. partagerait appartement*.

Sans même savoir pourquoi, les gens s'en trouveront bien disposés à votre égard parce que vous leur donnerez l'impression d'être sur la même longueur d'onde qu'eux à tous points de vue.

Imaginons que Clyde rencontre les parents de sa copine pour la première fois. Au restaurant, il voit qu'un plat qu'il apprécie particulièrement est au menu : des pâtes aux truffes, importées directement d'Italie. C'est cher mais la saison des truffes est courte et Clyde ne veut pas rater l'occasion. Comme il n'a pas beaucoup de nunchi, il commande les pâtes sauf que, dix secondes plus tard, il ne sait plus où se mettre quand il voit que les parents de sa petite amie, qui paient le repas, choisissent les plats les moins chers. S'il avait utilisé son nunchi, il leur aurait d'abord demandé quel plat ils pouvaient lui recommander ou bien il aurait insisté pour qu'ils commandent en premier. Cela l'aurait renseigné sur ce qu'ils comptaient faire : se faire plaisir en prenant le homard ou un autre plat haut de gamme ou au contraire quelque chose de plus raisonnable du fait de leurs contraintes budgétaires. Si vous vous laissez guider par la personne que vous voulez impressionner, vous risquez beaucoup moins de vous tromper.

Prendre les mêmes intonations est aussi une façon pleine de nunchi d'établir une connexion immédiate, à condition de le faire avec précaution et de ne pas donner l'impression d'imiter bêtement. Cela veut dire adopter le même ton de voix, enthousiaste, énervé ou calme selon le cas. Vous faites l'effort de faire un pas vers eux et vous ne leur imposez pas votre propre intonation.

Dan, par exemple, vend des aspirateurs et il a souvent affaire à des clients mécontents qui viennent dans son magasin pour demander un remboursement ou un échange. L'objectif est de neutraliser la situation le plus rapidement possible de manière que le client reparte content de la solution que Dan lui aura proposée. Quand il a commencé, il disait aux clients en colère de « se calmer » avant de leur proposer un échange ou un remboursement mais il s'est rapidement rendu compte que cela ne faisait que les énerver encore plus parce qu'ils avaient l'impression qu'il ne trouvait pas leur demande légitime. Donc il a changé de tactique.

Le client : « J'ai acheté cet appareil la semaine dernière et il ne marche déjà plus ! »

Dan : « Quoi ? Ce n'est pas normal ! Vous ne devez pas être content ! »

Le client : « Je ne vous le fais pas dire : il a fallu que je revienne alors que c'est loin de chez moi et donc j'ai dû partir plus tôt du boulot. »

Dan : « Je vous comprends : ça m'énerverait aussi ! Qu'est-ce que je peux faire pour arranger ça ? »

Le client : « Eh bien, vous pourriez m'en donner un nouveau sans frais supplémentaire. »

Dan : « Je comprends. Je vais voir ce que je peux faire. »

En adoptant le même ton que son client, Dan se met à sa hauteur. Le client sent qu'on l'écoute et qu'on le comprend. Il n'a pas besoin de monter encore plus dans les tours parce qu'il pense que Dan est sur la même longueur d'ondes que lui. Cela permet à Dan d'orienter la conversation vers la résolution du problème beaucoup plus rapidement que s'il avait dit (même s'il le pense peut-être) « Relax, c'est juste un aspirateur. »

Si faire une bonne première impression est vraiment important pour vous, voici un conseil qui semble un peu contre-intuitif : penser moins à vous-même et consacrer votre attention à tout le monde *sauf* à vous, voilà peut-être la meilleure façon de trouver la connexion que vous recherchez.

Poser des questions

On dit souvent que c'est bien de poser des questions quand on rencontre une personne pour la première fois – et, pas de doute, c'est nettement mieux que de partir dans un monologue sur soi-même. Mais on peut aussi utiliser correctement son nunchi tout en faisant l'inverse. En posant des questions, vous mettez le projecteur sur l'autre personne ; mais si vous n'écoutez pas vraiment les réponses, vous ne vous servez pas de votre nunchi. Et si votre question met votre interlocuteur mal à l'aise ? Est-ce qu'il a rougi ou bégayé, ou encore balayé la pièce du regard ? Est-ce que ses yeux sont plissés de colère ? Tout le monde ne vous dira pas directement : « Euh, c'est un peu direct comme question » mais le langage corporel vous fera passer le message et il ne faut pas rater les signes en ce sens.

Je peux vous en donner un exemple personnel. Ce genre de dialogue donnera envie à la plupart des personnes d'origine asiatique de s'extraire de la conversation dès que possible et de détaler.

M. ou Mme Pasdenunchi : « D'où tu viens ? »

Une personne d'origine asiatique : « Je suis de Auckland/ Birmingham/Paris/n'importe quelle autre ville d'un pays hors d'Asie. »

M. ou Mme Pasdenunchi : « Oui OK mais je veux dire d'où tu viens *vraiment ?* Enfin, je veux dire, ils viennent d'où, tes parents ? »

Qu'est-ce qu'il faut avoir dans la tête pour poser ce genre de question ? En clair, M. ou Mme Pasdenunchi pense connaître la bonne réponse (de Chine, du Japon, de Corée, etc.) et si vous répondez autre chose, vous répondez à côté.

« Mais j'avais juste envie de savoir ! » : cela ne change rien. Votre curiosité n'est pas une excuse pour passer outre le droit de votre interlocuteur à répondre comme il l'entend à votre question *ou à ne pas y répondre du tout*. C'est la même chose avec les questions du style : « Quand est-ce que vous avez prévu de vous marier/ d'avoir des enfants/de faire un régime ? »

N'oubliez pas la Règle n° 4 du nunchi : ne ratez jamais une occasion de ne rien dire.

QUIZ

Identifier qui prend les décisions

Vous êtes chargé de clientèle dans une entreprise qui fabrique des machines à expresso ergonomiques et respectueuses des droits des animaux. Ce soir-là, vous êtes déjà rentré chez vous quand votre boss vous dit qu'il faut que vous alliez immédiatement à un cocktail organisé par la deuxième plus grande chaîne de magasins de café éthique du monde. Le problème, c'est que vous avez raté le début de la soirée et, quand vous arriverez, ce sera presque la fin. Comment faites-vous pour optimiser les minutes qui vous restent ?

A. Vous distribuez vos brochures à toutes les personnes que vous croisez.

B. Vous allez parler avec l'homme qui a l'air le plus vieux, le plus chauve, le plus blanc.

C. Vous allez parler à la personne la plus élégante.

D. Vous allez parler à la personne qui parle le plus fort.

E. Vous allez parler à la personne autour de laquelle il y a le plus de monde.

La réponse est : il n'y a pas vraiment de bonne réponse. Toutes les options sont en fait mauvaises parce que vous avez vraiment trop peu d'informations. Sans le contexte, les cinq propositions ne sont que des suppositions sans fondement – et qui ne reposent aucunement sur votre nunchi – sur l'identité du décideur. La réponse A (Vous distribuez vos brochures à toutes les personnes que vous croisez) peut-être une solution – mais cela dépend de la culture commerciale de votre secteur d'activité. Et, dans beaucoup de pays, on ne démarche pas directement les gens à la première rencontre ; il est préférable de leur demander leur carte et de les recontacter le lendemain pour convenir d'un rendez-vous.

Évidemment, vous avez googlisé l'entreprise et ses équipes dans le taxi mais si vous ne reconnaissez personne au cocktail, sirotez votre verre à l'écart quelques minutes ou restez là où il y a le plus de passage. Observez et évaluez la pièce. Même si vous n'avez pas beaucoup de temps – surtout si vous n'avez pas beaucoup de temps –, il vous faut un plan d'attaque avant de passer à l'action.

Si vous ne savez pas qui prend les décisions, n'essayez pas de le deviner à partir d'informations aussi incomplètes que les vêtements ou la voix. Demandez plutôt de l'aide. Dans les affaires comme dans la vie en général, il faut trouver les personnes qui peuvent le plus vous aider, pas nécessairement celles qui sont les plus haut placées.

Dans des événements professionnels de ce type, il y a en général une personne chargée d'accueillir les invités et de leur donner à boire, que ce soit le serveur engagé pour l'occasion ou un « petit » stagiaire – que quelqu'un qui n'a pas beaucoup de nunchi va s'empresser d'ignorer parce qu'il ne perd pas son temps avec les « subalternes ». Mais vous n'allez pas faire cette erreur : à ce stade, vous savez utiliser votre nunchi et donc vous savez que la personne à qui on a confié cette mission se doit d'être polie et serviable. N'hésitez pas à lui demander directement qui prend les décisions et quelle est la meilleure façon de l'approcher. Peut-être que la personne ne pourra pas vous renseigner directement mais peut-être pourra-t-elle au moins vous présenter son supérieur hiérarchique et, de fil en aiguille, vous arriverez à discuter avec le bon interlocuteur.

Je suis sûre qu'on vous a déjà dit de ne pas faire des affaires avec les gens qui ne traitent pas le personnel avec respect. Ce n'est pas seulement une question de politesse, cela s'avère aussi très utile. Souvent, les personnes qui ont l'air d'être « sans importance » sont celles qui en savent le plus. Demandez-vous qui, au bureau, sait tout ce qui se passe et interrompt le grand patron sans se faire reprendre ; très souvent, il s'agit de la personne de l'accueil et de l'assistant de direction. Un expert en nunchi sait que ce sont ces personnes qu'il doit se mettre dans la poche.

CHAPITRE 7

LE NUNCHI ET LES RELATIONS HUMAINES

Quand j'étais en quatrième à Séoul, notre manuel scolaire de sciences sociales s'ouvrait sur la célèbre citation d'Aristote : « L'homme est par nature un animal politique. » Ce qui m'a marquée, c'est qu'elle était accompagnée d'une photo de fourmis, et je déteste les fourmis. Dans la suite du texte, il était écrit que, bien que vivant en groupe, les fourmis n'ont pas besoin d'être politiques pour survivre parce qu'elles obéissent à leur instinct.

Qu'un manuel scolaire commence comme ça démontre à quel point la culture coréenne met en valeur l'idée que tout individu doit se concevoir comme une composante d'un organisme vivant plus large. De par ses racines confucéennes, dont l'influence est toujours bien présente, la société coréenne requiert de chacun de ses membres qu'il trouve une place qui s'imbrique dans celles des autres. Quand on ne joue pas le rôle qui nous a été assigné, on chamboule tout et si tout le monde fait pareil, le tissu social commence à se déchirer.

Cela dit, le confucianisme est virtuellement impraticable dans notre mode de vie capitaliste moderne, ce qui explique qu'il recule malgré tout en Corée. Mais ce qui est fascinant, ce sont les points communs entre la société coréenne traditionnelle et la philosophie grecque classique, en particulier l'idée que les êtres humains vivent en groupe parce qu'ils ne peuvent pas survivre seuls. Une autre citation d'Aristote : « Les hommes s'unissent pour survivre ; ils restent assemblés pour jouir d'une vie bonne. »

La vie bonne. Au fond, recherchons-nous autre chose ? Pendant mes premières années à la fac, j'ai étudié la philosophie parce que je voulais comprendre comment accéder à une vie bonne. Je me suis retrouvée dans une situation qui ressemble à celles du *Magicien d'Oz* – la réponse était devant moi, dans l'éducation que j'avais reçue : grâce au nunchi et à l'observation des autres, on peut mener une vie bonne.

De nos jours, cette idée ferait frémir pas mal de gens. Les dernières générations avant la nôtre, par individualisme, n'ont cessé de revendiquer le droit à « être soi-même » sous une forme ou sous une autre – le groupe Nirvana est le parfait résumé des aspirations des gens de mon âge. Aujourd'hui, on dirait quelque chose comme « fais du toi ».

Il me semble qu'il est évident, pour toutes les personnes un tant soit peu lucides du XXIe siècle, que nous payons en ce moment ces années à cultiver un état d'esprit aussi égotique. Certains commentateurs considèrent que le capitalisme est entré dans son stade ultime et commence à s'effondrer sur lui-même – ce qui se manifeste par une explosion des inégalités économiques et la destruction des écosystèmes. Quel que soit leur bord politique, la plupart des gens me semble quand même à peu près d'accord sur l'idée que, pour que notre civilisation perdure, nous devons trouver une manière de coexister et prendre en compte autrui. Bref, nous nous sommes trompés. Aristote avait raison.

Que les misanthropes se réjouissent : je vous rassure, vous n'avez pas besoin d'aimer les autres pour vous entendre avec eux. En utilisant votre nunchi, vous introduirez dans les rapports sociaux la rondeur dont nous avons parlé plus haut, ce qui vous facilitera la tâche pour aller et venir dans les interactions en fonction de vos envies. Les ermites se trompent : ce n'est pas en éconduisant sèchement les gens qu'ils auront la paix. C'est même l'inverse !

Disons que vous n'aimez pas trop devoir faire la conversation. Donc tout ce que vous voulez quand vous allez à la poste, c'est entrer et sortir le plus vite possible. Si le postier vous dit : « Bonjour ! Comment allez-vous ? », quelle est la meilleure façon d'écourter l'échange : lui répondre « Ça va, merci » ou : « En quoi ça vous regarde ? » Si vous optez pour la deuxième solution, vous vous tirez une balle dans le pied. Mettre de la rondeur permet d'interagir sans susciter de crispations et c'est alors plus facile de retourner dans votre tanière si vous le voulez. Vous pouvez vous rendre aussi visible ou invisible que vous le souhaitez. Ce sont les gens qui n'ont pas de nunchi qui perturbent constamment leur environnement et s'accrochent avec les autres.

Laissez votre nunchi arrondir vos angles dans les interactions. Qui que vous soyez, que vous soyez à l'aise en société ou non, le nunchi peut vous aider à évoluer dans la vie de tous les jours de façon plus harmonieuse pour vous et pour ceux que vous rencontrez.

LE NUNCHI ET LES RENCONTRES AMOUREUSES

Quand il n'y a plus de parachute, tout le monde croit en Dieu : l'image marche aussi pour le nunchi et les relations amoureuses. C'est particulièrement vrai au début, quand on apprend à connaître l'autre.

Avec les rencontres en ligne, il est devenu normal de sortir avec quelqu'un qu'on ne connaît pas plus que les inconnus qu'on croise dans la rue en allant au boulot. Il faut donc essayer de savoir aussi rapidement que possible si vous avez affaire à un taré (surtout si vous êtes une femme) ou à une personne à qui vous pouvez faire confiance. Vous ne pouvez pas prendre ce qu'il/elle vous dit pour argent comptant, ni vous contenter de son profil sur les réseaux sociaux. Vous devez utiliser votre nunchi.

Les gens passent un temps fou à essayer de contrôler l'impression qu'ils vont faire à l'autre et en oublient de laisser marcher leur nunchi. C'est bien dommage : ils ne se rendent pas service parce qu'ils perdent une occasion de lire la personne en face d'eux.

Si vous focalisez votre attention sur l'autre – ou encore mieux sur toute la pièce –, vous arrêtez de vous préoccuper de vous-même, ce qui a immédiatement pour effet de vous calmer. Qui ne veut pas réussir à se débarrasser de cette nervosité inévitable du premier rendez-vous ? Concentrez-vous sur la pièce : effet immédiat garanti !

Poser des questions la première fois que vous rencontrez quelqu'un est toujours une bonne idée, et pas seulement parce qu'en termes de nunchi, il n'y a probablement pas pire que de parler de soi tout le temps : dans leurs réponses à vos questions, les gens en disent beaucoup plus qu'ils ne le voudraient.

Est-ce que votre rendez-vous répond de façon évasive à vos questions sur sa famille parce qu'il est orphelin ou parce pour qu'il vient d'enterrer père et mère dans son jardin ? Peu de chance qu'il vous le dise tout de suite mais, au moins, cela vous aura permis de comprendre que sa famille est un sujet qui le met mal à l'aise.

Est-ce que cette fille que vous rencontrez pour la première fois ne vous dit pas vraiment où elle habite parce qu'elle ne veut pas en dire trop à quelqu'un qu'elle connaît à peine ou parce qu'elle a un mari et deux enfants ? Là encore, ses mots ne vous en apprendront pas énormément mais dans ce genre de circonstance, ce qu'on vous dit est aussi important que ce qu'on ne vous dit pas.

Il peut aussi être utile d'évaluer le nunchi de la personne en question. Comment interagit-elle avec le reste de la pièce ? Le vin qu'elle voulait n'est plus à la carte, fait-elle un scandale ou commande-t-elle juste autre chose ? Est-ce qu'elle se montre détendue et avenante avec les autres ou au contraire fermée et sur ses gardes ? Il ne faut pas seulement regarder sa façon de se comporter avec vous mais avec tout le monde.

Tonya est allée à un rendez-vous avec Alex, qu'elle a rencontré à son cours de yoga. Il était vif, présentait vraiment bien et avait l'air sincère quand il parlait de son parcours vers l'éveil spirituel. Pourtant, entre deux histoires sur tout ce que lui avaient apporté ses séjours dans un ashram en termes de paix intérieure et de patience, Alex avait l'air agacé à chaque fois que la serveuse mettait du temps à lui apporter sa commande et faisait des remarques du genre : « Ils font venir leur bœuf directement de Nouvelle-Zélande ou quoi ? » ou encore : « Les serveurs sont en grève ? » Le hiatus entre ses mots et son comportement a convaincu Tonya de ne pas revoir Alex.

Beaucoup de spécialistes des relations amoureuses vous conseilleront de chercher à connaître les circonstances des ruptures que la personne qui vous intéresse a vécues dans le passé. Ils vous diront que si elle met tout sur le dos de son ex, c'est vraiment le signal d'alarme. Si seulement c'était aussi simple ! Les conseils aussi catégoriques peuvent peut-être vous aider mais rien ne remplace votre propre discernement et personne ne connaît votre propre parcours. Chacun a son propre système d'alarme : le vôtre peut paraître bizarre ou même irrationnel mais c'est à vous et à votre nunchi de décider !

Faites-vous confiance.

Trouver M. ou Mme Labonnepersonne

Alors, comment trouve-t-on la bonne personne ? Vos amis vous diront peut-être de faire une liste avec d'un côté les qualités que vous recherchez et de l'autre les défauts que vous ne supportez pas, et de ne pas en bouger. D'autres vous diront exactement le contraire – qu'il faut faire des concessions si on ne veut pas finir tout seul. En réalité, ce n'est ni l'un ni l'autre. Ce serait beaucoup plus facile s'il suffisait de suivre une recette inscrite dans le marbre mais trouver quelqu'un, c'est aussi complexe que vous l'êtes vous-même – multiplié par la complexité de l'autre.

Le nunchi vous aide à trouver le juste milieu. Vous ne devez ni mettre de côté ce qui vous plaît, ni vous y accrocher à tout prix : ce qui est important, c'est de faire preuve de discernement et de capacité d'adaptation. Recueillez des informations et, par pitié, ne faites pas semblant de ne pas voir les nouveaux éléments simplement parce qu'ils ne vous arrangent pas. Là encore, *Orgueil et Préjugés* nous offre des clés pour comprendre l'importance du nunchi quand on est à la recherche d'un partenaire potentiel. Après tout, orgueil et préjugés sont des inhibiteurs du jugement. Le mot « orgueil » dans le titre fait référence au snobisme de Darcy qui au début pense que la famille Bennet n'est pas digne de lui. Les « préjugés » sont ceux de Lizzy qui ne veut même pas regarder Darcy depuis qu'elle l'a entendu dire à un de ses amis qu'elle n'était « pas assez belle pour [qu'il s]'intéresse à elle ». C'est sûr que ce n'était pas particulièrement élégant de sa part mais, en en apprenant davantage sur son caractère, on comprend qu'il ne le pensait pas et essayait seulement de ne pas en dire trop devant ses amis.

Pendant une grande partie du livre, il n'y a aucune chance pour que Darcy et Elizabeth se mettent en couple parce que chacun a une vision négative de l'autre et n'en démord pas. Puis les circonstances (la maladie, la famille, les scandales) les amènent presque contre leur gré à interagir et à faire tomber leurs barrières psychologiques pour travailler ensemble à des objectifs communs. Ils s'ouvrent peu à peu, chacun observe comment l'autre se comporte dans différentes situations et révise son jugement au vu de ces nouvelles informations. Ils font tous les deux quelque chose qui leur coûte énormément : admettre qu'orgueil et préjugés les ont induits en erreur. S'ils n'avaient pas utilisé leur nunchi à temps, Lizzy et Darcy n'auraient peut-être jamais « vécu heureux » ni « eu beaucoup d'enfants ».

Des relations basées sur le nunchi

Pensez aux couples avec lesquels vous aimez bien passer du temps : je suis prête à parier qu'ils ont du nunchi. Quand chacun sait se montrer attentionné, devine tout de suite de quoi l'autre a besoin, le couple projette des ondes positives et les autres le ressentent. Tout le monde recherche la compagnie des couples comme ça. C'est l'inverse avec les couples qui n'ont pas de nunchi, au sein desquels les partenaires ne voient pas ou ne s'intéressent pas aux besoins de l'autre : ce n'est pas agréable de les fréquenter. Imaginez vivre une relation qui fonctionne sur ce mode, c'est-à-dire être avec quelqu'un qui ne sait pas lire entre les lignes pour comprendre ce que vous ressentez ni comment faire pour que vous vous sentiez bien. C'est triste, n'est-ce pas ?

Bon, je sais que, là encore, beaucoup d'experts en relations amoureuses vous diront que le nunchi ne fait rien à l'affaire, que ce n'est pas à votre moitié de lire dans vos pensées et que vous devez au contraire vous attacher à exprimer clairement et calmement vos besoins.

Si seulement c'était aussi simple ! Malheureusement, ce genre de conseil ne prend pas en compte la nature humaine telle qu'elle est. Ce qu'on ressent est souvent complexe et on a parfois soi-même du mal à le comprendre vraiment. Vous n'y êtes pour rien. Classiquement, les femmes ont appris à ne pas avoir l'air de toujours réclamer de l'affection et les hommes ont intégré l'idée qu'ils ne devaient pas exprimer certaines émotions comme la honte ou la tristesse.

En ce sens, le nunchi est plus pragmatique parce qu'il accepte l'idée que ni vous-même ni votre partenaire ne pouvez changer la façon dont vous avez été élevé. Et vous ne pouvez pas non plus forcer l'autre à utiliser son nunchi pour se montrer plus attentionné. Le nunchi vous dit de lire la pièce telle qu'elle est, pas telle que vous aimeriez qu'elle soit.

La seule chose que vous contrôlez, c'est votre nunchi. Écoutez votre partenaire : si l'histoire qu'il est en train de vous raconter n'est pas passionnante, faites comme les experts en nunchi qui font dans leur tête un résumé de ce qu'on vient de leur dire. Et ne vous contentez pas d'écouter : prenez en compte l'ensemble de la situation pour déterminer par exemple si votre partenaire s'épanche comme ça simplement parce qu'il a l'impression que personne ne l'écoute, au travail ou de manière générale. Est-ce que c'est parce qu'en fait, ce serait simplement trop douloureux de raconter vraiment le fond de l'histoire ? Essayez de lui demander comment s'est passée sa journée avant de raconter la vôtre. Montrez-lui la considération dont vous aimeriez qu'il fasse preuve à votre égard.

Cela va peut-être vous surprendre mais je vous garantis que si vous améliorez votre nunchi, celui de votre partenaire se mettra au diapason. Votre meilleure capacité d'écoute lui permettra de se sentir plus en sécurité sur le plan émotionnel et il pourra dès lors être plus à l'écoute à son tour. Si ce cercle vertueux ne s'enclenche pas, cela veut peut-être dire que vous n'êtes pas complètement compatibles l'un avec l'autre et cela, même le nunchi ne peut rien y changer.

Nous voulons tous nous sentir écoutés et compris dans le cadre de nos relations les plus intimes. De façon subtile, le nunchi contribue à nous rapprocher d'autrui et c'est extrêmement bénéfique.

Utiliser le nunchi quand on ne communique pas de la même façon

Est-ce que vous vous rappelez que, quand vous étiez ado et que vous vouliez demander quelque chose à vos parents, comme aller à tel concert par exemple, vous activiez votre radar pour déterminer s'ils étaient de bonne humeur ? Si Maman est grognon avant d'avoir sa tasse de café le matin ou si Papa dit oui à tout si on le lui demande pendant qu'il regarde son émission préférée (il veut juste que tout le monde se taise !), un enfant va le remarquer.

Une de mes copines de classe avait compris que, si elle avait une mauvaise note, le meilleur moment pour en parler était entre 19 et 21 heures, créneau pendant lequel il y avait des émissions de variété un peu potaches à la télé coréenne.

Pourtant, beaucoup de gens oublient tout cela quand ils deviennent adultes. Ils se disent que ce sens tactique et cette capacité à percevoir l'humeur des autres ne sont plus nécessaires puisque les personnes mûres et rationnelles n'ont qu'à utiliser des mots. En réalité, les gens qui n'aiment pas communiquer de façon directe sont nettement majoritaires. Beaucoup de gens tout à fait bien dans leurs baskets avouent que quand ils s'installent en couple, ils ont tendance à oublier comment « utiliser des mots » et reviennent aux modes de communication indirecte qu'ils utilisaient dans leur enfance.

Votre conjoint d'ordinaire si direct peut tout d'un coup avoir du mal à vous dire ce qu'il pense sans même s'en rendre compte. Vivre avec quelqu'un qui « régresse » de la sorte peut être très frustrant. Faites preuve de compassion – et de nunchi.

Bien sûr, ce serait beaucoup plus simple si votre partenaire vous disait directement « J'ai froid » au lieu de « Tu as froid ? » qui est juste une façon de savoir si vous êtes d'accord pour qu'il monte le chauffage. Mais peut-être que dans sa jeunesse, on lui a appris qu'exprimer son inconfort, même juste en disant « J'ai froid », c'est égoïste et énervant.

S'il a plutôt tendance à communiquer de façon indirecte, c'est à vous qu'incombe la charge d'utiliser votre nunchi et de prendre cet élément en compte pour adapter votre comportement plutôt que de lui demander en hurlant de le faire.

Disons que vous vous baladez avec votre petite amie Sheila et qu'elle commence à être un peu irritable. Vous êtes ensemble depuis longtemps donc vous savez que c'est sa façon de réagir quand son taux de sucre dans le sang est bas.

Vous : « Enfin, Sheila, si tu avais faim, tu n'avais qu'à le dire ! On vient de passer devant une demi-douzaine de restaurants et tu n'as rien dit. »

Sheila : « Cela se voyait, non ? Tu ne fais pas attention ! D'ailleurs, cela fait une heure que je te dis être fatiguée. »

Vous : « Oui, tu as dit que tu étais *fatiguée*, pas que tu avais *faim*, c'est pour cette raison que je suis allé chercher des cafés ! Tu te rends compte que ce n'est pas la même chose ! »

Et ainsi de suite. En plus, ces couples ont ce genre de disputes de façon récurrente et c'est vraiment pénible pour tous ceux qui sont autour. Il n'y a pas d'alternative : soit cela va se reproduire à chaque fois que vous sortirez de chez vous ou presque, soit vous utilisez votre nunchi pour que ça s'arrête.

C'est vrai, Sheila pourrait dire les choses plus clairement : si elle a faim, elle n'a qu'à l'exprimer. Mais elle est comme ça et vous n'arriverez pas à la changer. Concentrez-vous sur votre propre nunchi, sur votre propre communication.

Gardez à l'esprit la Règle n° 6 : lire entre les lignes. Les gens ne disent pas toujours directement ce qu'ils veulent et c'est leur droit. Les mots de Sheila ne sortent pas d'un ordinateur et ce n'est pas une inconnue qui vous envoie un message sur Twitter. Vous avez tout le contexte dont vous avez besoin ; vous savez en particulier qu'elle ne communique pas directement.

Vous pensez probablement que je vais vous suggérer de regarder le langage corporel de Sheila à chaque fois que vous sortez, pour voir si elle a besoin de manger.

Je vous recommande plutôt de demander à Sheila non pas *si* elle veut manger mais *quand*. La prochaine fois, posez-lui la question à la seconde où vous aurez franchi le pas de la porte. Dites par exemple : « Il y a un nouveau resto indien rue X et juste à côté il y a une pizzeria et plusieurs petits stands où ils vendent des marrons. Dis-moi quand tu auras choisi. »

Quelle est la différence ? Dans le premier scénario – celui où vous lui criez dessus à chaque fois – vous lui avez dit que c'était à elle de vous dire quand elle avait faim alors que dans le deuxième, en lui disant de choisir le restaurant et non le moment où vous allez manger, vous ne lui demandez pas de faire quelque chose qu'elle ne fait pas facilement.

Votre partenaire ne changera peut-être pas mais utiliser votre nunchi permettra toujours de détendre l'atmosphère.

LA POLITESSE ET LE NUNCHI

Il y a un recueil de poèmes coréens pour enfants qui s'appelle *Le Pet n'a pas de nunchi*[1]. La très jolie couverture de style art naïf représente un petit nuage de fumée jaunâtre qui sort des fesses d'un petit garçon et deux autres enfants qui s'enfuient en hurlant. Le titre du livre vient du principal poème qui raconte en quatre strophes l'histoire d'un garçon qui joue dehors avec son copain Joonsang. À un moment, Joonsang lâche un énorme pet. Les pets et le nunchi, ça fait deux – les pets sortent sans se préoccuper des autres. Mais le narrateur a un

1. Lee Soo-kyung, *The Fart with No Nunchi*, illustré par Lee Sang-yoon, Seoul, IBook Publishing, 2015.

excellent nunchi et réagit immédiatement. « J'ai tout de suite commencé à compter les fourmis [par terre], dit-il, et Joonsang a suivi le mouvement. Une fourmi, deux fourmis, trois… j'étouffe un rire et Joonsang rougit. » Il a permis à son copain de sauver la face et du coup, ils peuvent continuer à jouer.

En d'autres termes, il a remis de la rondeur autour de lui.

Le petit narrateur dont on ne connaît pas le nom utilise son nunchi parce qu'il est poli. Cette histoire illustre une des choses les plus importantes dans le nunchi : vous pouvez en faire preuve sans attirer l'attention. La discrétion est même ce qu'il y a de meilleur dans le nunchi.

Il peut vous arriver de vous retrouver dans la même situation que Joonsang dans la vie de tous les jours. Pas forcément à cause d'un pet : simplement quand quelqu'un se met dans une situation embarrassante.

Prenons l'exemple de Tom : il vient tout seul à une fête parce qu'il vient de se séparer de son épouse. Vous seul êtes au courant. Quand Karen voit Tom, elle lui dit sans y penser : « Salut, où est ta femme ? » En expert en nunchi, vous vous dites que beaucoup d'autres personnes risquent de lui poser la même question. Plutôt que d'aller expliquer discrètement la situation à tout le monde, ce qui va susciter des commentaires gênés, vous décidez de proposer à Tom et à quelques autres de faire avec eux quelque chose qui nécessite de la concentration et peu de dialogues. Il peut s'agir d'une partie d'échecs, de charades, d'une partie de poker, d'un jeu de stratégie ou même de badminton. L'idée est de remettre de la rondeur en détournant l'attention sur autre chose que la situation personnelle de Tom.

Il y a des gens qui pensent être tellement proches de leurs amis qu'ils peuvent se dispenser de faire l'effort de lire entre les lignes. Ce n'est pas vrai. Avec vos amis aussi, il faut utiliser votre nunchi, c'est-à-dire prendre en compte non seulement ce qu'ils vous disent mais aussi l'éducation qu'ils ont reçue et les changements intervenus dans leur vie personnelle.

Il y a quelques années, je me suis lancée dans le tricot. J'ai demandé à mon amie Charlotte ce qui ferait plaisir à sa fille Emily parce que je voulais lui faire une écharpe. Je lui ai donc envoyé une photo de ce que je savais faire pour qu'elle choisisse. Quelques jours plus tard, Charlotte m'a renvoyé un message dans lequel elle me disait : « Je ne savais pas que tu tricotais ! Elles sont super ces écharpes ! Joli travail ! » Sympa de sa part mais vous aurez remarqué qu'il y a quelque chose qui manque : elle ne répond pas sur l'écharpe. Elle a fait preuve de tact, ce qui démontre son excellent nunchi. De mon côté, le nunchi exigeait que je ne tricote pas d'écharpe pour Emily.

Dans mon esprit, c'était toujours une petite fille de quatre ans et je n'avais pas réalisé que c'était maintenant une préado ; or, aucun enfant de cet âge-là ne veut porter une écharpe tricotée main !

Ce n'était pas à Charlotte de me dire : « J'ai montré les photos à Emily et elle m'a juste dit "au secours !" » ; on lui a appris à ne pas mettre les gens mal à l'aise avec des remarques pareilles. C'est à moi de lire entre les lignes. Si j'avais insisté et quand même tricoté une écharpe à Emily, je l'aurais mise dans une position inconfortable parce qu'elle aurait été un peu obligée de la mettre à chaque fois qu'on se voyait. (Un message pour tous ceux qui aiment fabriquer des objets : ça me fait mal de le dire mais il faut absolument utiliser votre nunchi quand vous offrez une de vos créations en cadeau. Les gens se retrouvent obligés de mettre votre napperon sur leur buffet !)

Parfois votre nunchi passera inaperçu mais ce sera la preuve que vous commencez à vraiment le maîtriser.

LE NUNCHI ET LA FAMILLE, OU COMMENT L'UTILISER POUR SURMONTER L'ÉPREUVE DES VACANCES

Dans toutes les familles, il y a des sujets potentiellement explosifs. Ce n'est pas simple de changer la dynamique qui vous lie à une personne que vous connaissez depuis toujours. Même si vous avez tous deux changé et mûri, il y aura toujours de l'électricité dans l'air tant vous êtes différents. Vous ne pouvez rien y faire mais en utilisant votre nunchi, vous pouvez faire baisser la tension.

D'abord, ne vous mentez pas à vous-même : vous savez pertinemment ce qui risque de déclencher une dispute avec un membre de votre famille ou un de vos proches parce que c'est ce qui se produit à chaque fois que vous abordez ce sujet. Utilisez votre nunchi pour sentir les signes avant-coureurs du tremblement de terre avant tout le monde et, cette fois-ci, comportez-vous différemment. Et faites en sorte que cela devienne une habitude. Vous n'êtes pas dans une tragédie grecque : il n'y a pas de fatalité et vous n'êtes pas condamné à vous accrocher sur le même sujet jusqu'à la fin des temps comme si vous étiez le jouet des dieux. Comme dit mon psy, « Vous n'ètes pas obligé de participer à tous les combats auxquels on vous invite. »

En ce qui concerne la famille, vous devez utiliser votre nunchi essentiellement *sur vous-même*. Est-ce que vous reproduisez systématiquement les mêmes schémas toxiques qui donnent toujours les mêmes résultats désastreux ? Par exemple, est-ce que vous essayez à chaque fois de jouer les médiateurs pour forcer les membres de votre famille qui se disputent à « oublier tout ça en se serrant la main » ? Si c'est le cas, demandez-vous pourquoi vous agissez ainsi et soyez honnête. Est-ce que c'est parce que vous aimez tellement être le centre de l'attention que vous vous jetez à chaque fois dans l'arène ? Est-ce que c'est parce que vous avez toujours été le « petit saint » de la famille et que vous essayez de conserver cette image ? Peut-être qu'après réflexion, vous vous direz que vous avez raison d'agir comme cela mais au moins, faites-le en toute conscience et non par défaut, comme s'il s'agissait d'un bug dans votre système.

Vous n'allez peut-être pas aimer ça mais il faut que je vous le dise : si vous êtes obligé de déployer à chaque fois des quantités surnaturelles de nunchi dans une interaction – que ce soit avec des collègues, des amis, des proches ou votre famille –, vous devriez peut-être réfléchir à vous en désengager purement et simplement. Comme l'argent et l'énergie, le nunchi n'est pas inépuisable. Si vous l'utilisez constamment pour essayer de réparer une situation qui n'est pas réparable, il ne vous en restera plus pour vous occuper du reste de votre vie.

Mme Ramsay, modèle de nunchi en toute discrétion

Mme Ramsay, le personnage du roman *La Promenade au phare* de Virginia Woolf, est un bon exemple d'une experte en nunchi si discrète qu'elle passe presque inaperçue. C'est une maîtresse de maison hors pair mais pas grâce à sa conversation brillante ni grâce aux cocktails dont elle aurait le secret. Elle sait que tout ce qu'elle a à faire pour que la pièce se remplisse d'ondes positives et de rires est d'allumer les bougies dans la salle à manger. Tout le monde se regroupe autour de la lumière. La pièce se transforme comme par magie, la tension se dissipe et l'atmosphère se réchauffe au fur et à mesure que les convives se rassemblent. Les différends qui peuvent exister à l'intérieur comme à l'extérieur de la maison disparaissent. « En un instant, tous ressentent la même chose… et tous prennent conscience qu'ils forment une entité cohérente, au milieu du vide, comme sur une île ; ils font cause commune contre l'agitation du dehors. »

Y a-t-il jamais eu, aujourd'hui ou hier, une Mme Ramsay dans votre vie ? Je parie que oui. Rien qu'en allumant les bougies, elle change le « climat » de la pièce et, ce faisant, devient une meilleure épouse, une meilleure mère, une meilleure maîtresse de maison, une meilleure amie. Et tout cela sans dire un mot.

Que vous soyez riche ou pauvre, issu de la culture majoritaire ou d'une minorité, d'un milieu favorisé ou non, homo ou hétéro, homme ou femme ou quoi que ce soit entre les deux, vous pouvez faire quelque chose comme par exemple, allumer les bougies.

Par exemple, si vous êtes avec un groupe d'amis et qu'ils n'arrêtent pas de demander à Joanie et

Michael pourquoi ils ne sont pas encore fiancés alors qu'ils sont ensemble depuis cinq ans, vous allez peut-être dire spontanément quelque chose comme : « Bon, bah ça va, lâchez-leur un peu les baskets. » Mais au final, cela risque d'attirer encore plus l'attention sur le couple, de les gêner encore plus… voire de faire tourner la soirée au vinaigre. Peut-être même que certains en voudront à Joanie et Michael de les avoir fait se sentir coupables.

Ce serait beaucoup mieux de parler d'autre chose et pour cela vous pouvez lancer la conversation sur un sujet sur lequel tout le monde a un avis et envie de le partager. Les dernières théories des fans de *Game of Thrones*, cela peut être une bonne idée. Plus c'est gros, plus ça marche : « Je suis sûr qu'en fait, dans les séries *spin-off* à venir, ils vont nous dire que ce n'était que le rêve de quelqu'un qui a pris un champignon hallucinogène. » Les gens seront trop occupés à se moquer de vous pour penser à embêter encore Joanie et Michael et vous aurez détendu l'atmosphère.

QUIZ

Votre ami lâche un gros pet. Que faites-vous ?

A. Vous dites : « Nouveau règlement : interdiction de manger des légumes crucifères soixante-douze heures avant de venir chez moi. »
B. Vous dites : « C'est la chaise, les vis ne sont pas assez serrées, ça fait un drôle de bruit quand on s'assoit dessus. »
C. Vous accusez une personne qui vous énerve.
D. Vous faites diversion en posant à tout le monde une question sur un sujet qui n'a rien à voir, par exemple : « Alors qui veut du blanc et qui veut du rouge ? Il faut que je sache combien de bouteilles je dois ouvrir. »
E. Vous faites comme si de rien n'était.

La bonne réponse est : D. Poser une question ou lancer une nouvelle activité qui requiert la participation de tout le monde et focalise l'attention sur autre chose ne serait-ce qu'une seconde, c'est vraiment du nunchi niveau expert. Personnellement, je pourrais même aller jusqu'à renverser mon verre d'eau « par maladresse » ou, encore mieux, proposer quelque chose qui demande une participation active, comme : « Est-ce que vous pouvez tous jeter un coup d'œil à vos verres ? J'ai vu qu'il y en avait plusieurs qui étaient ébréchés, vous risquez de vous couper. »

Je vous donne la moitié des points pour la réponse E. Faire comme si de rien n'était dans ce genre de situation n'est jamais une mauvaise idée ; c'est juste que créer une diversion est encore mieux en termes de nunchi. C'est ce que Mme Ramsay ferait.

CHAPITRE 8

LE NUNCHI DANS LE CADRE PROFESSIONNEL

David Brent : « Les femmes mettent des colliers pour diriger les regards sur leur poitrine. »
Une femme : « Non… Je porte ce collier parce que ma mère me l'a donné juste avant de mourir. »
David Brent : « Oui eh bien, c'est parce qu'elle voulait qu'on regarde sa poitrine. »

La série britannique *The Office*[c]

Le personnage de David Brent de la série *The Office* joué par Ricky Gervais est un des meilleurs exemples possibles d'absence de nunchi dans le cadre professionnel. Il se croit drôle mais ne se rend absolument pas compte du point auquel ses blagues mettent les gens mal à l'aise. Il fait des discours pour motiver les troupes mais ne voit pas qu'ils ont l'effet inverse. Il utilise les 45 000 euros qu'il touche en indemnités de départ pour faire réaliser par un professionnel une vidéo où il chante en play-back, et avec envol de colombes, la chanson des années 1980 *If You Don't Know me By Now* (en français, cela donnerait *Si tu ne me comprends toujours pas*) parce qu'il surestime sa prestance dans des proportions embarrassantes.

Il n'y a pas pire que d'avoir quelqu'un comme ça comme collègue : dans l'émission humoristique américaine *Saturday Night Live*, il y a des sketchs avec un personnage récurrent, un obscur petit comptable qui s'appelle Richard, qui porte des chemises froissées et semble camper à côté de la photocopieuse. À chaque fois que quelqu'un s'en approche, il se croit obligé de faire une remarque sans intérêt du genre : « Alors on fait des photocopiiiiiiiiiiies ? Randy ! Rends-toi Randy ! Une seule photocopie pour mon pote Randy ! »

Mais pour chaque collègue totalement dépourvu de nunchi, on en compte au moins un qui a un nunchi exceptionnel et qui progresse beaucoup plus vite que ses qualités de départ ne le laissaient prévoir. Je veux parler de ces gens qui sont raisonnablement compétents sans être extraordinaires et qui sont quand même promus constamment sans qu'on sache vraiment pourquoi. Non, ce n'est pas parce qu'ils ont des relations ou parce qu'ils ont couché avec la bonne personne. C'est simplement qu'ils ont du nunchi. Pour comprendre comment ils font, regardez-les observer les autres. Ils sont tout le temps en mode « je regarde et j'évalue ».

Le nunchi est absolument crucial dans le cadre professionnel parce qu'on vous dira rarement ce qui se passe exactement. Par peur de procès ou d'une réaction de panique des actionnaires, les entreprises sont souvent peu loquaces sur les informations sensibles qui risquent de vous affecter directement, par exemple une éventuelle vague de licenciements. C'est à vous de vous débrouiller et d'utiliser votre nunchi pour comprendre ce qu'il en est, déterminer de qui il pourrait être utile de vous rapprocher, vous éloigner des personnes nuisibles ou simplement commencer à chercher du boulot avant que le couperet ne tombe, histoire d'éviter de vous retrouver sur le marché du travail en même temps que tout le monde.

L'entreprise dans laquelle je travaillais avait annoncé qu'il allait y avoir des suppressions d'emplois mais sans dire combien exactement. Le bureau bruissait de rumeurs au sujet de ceux qui seraient dans la charrette. Pour moi, il était clair que les trois collègues qui venaient de se porter volontaires pour être les référents sécurité incendie y auraient droit. Et je ne me suis pas trompée : ils se sont fait virer quelques mois plus tard.

Est-ce que je suis devin ? Bien sûr que non. Mais j'ai un bon nunchi. D'accord, mais pourquoi eux ? Ils avaient été assez sympas pour se porter volontaires et faciliter une évacuation en bon ordre en cas d'incendie. Ils aimaient les gens. Peut-être un peu trop, en ce sens que les rapports humains semblaient plus importants pour eux que de faire le boulot de façon optimale. Ils n'avaient pas compris quelles étaient les valeurs de l'entreprise et accordaient plus d'importance au relationnel qu'au travail. Mon nunchi me disait qu'ils essayaient de compenser en se portant volontaires.

Après leur licenciement, il a fallu trouver trois nouveaux référents. J'ai refusé. Dans les mois qui ont suivi, deux des trois nouveaux référents ont été renvoyés. Je ne suis pas en train de vous déconseiller de vous porter volontaire pour aider vos collègues, mais si vous observez que ce sont souvent les employés les moins performants qui prennent en charge une certaine activité (par exemple, l'organisation de la soirée de fin d'année), il vaut peut-être mieux que vous restiez à l'écart. Au travail, on vous jugera aussi en fonction des personnes que vous fréquentez.

Avec un nunchi rapide, vous pourrez travailler plus efficacement, y prendre plus de plaisir, garder votre job plus longtemps et obtenir les augmentations que vous méritez.

LE NUNCHI ET LES CAPITAINES D'INDUSTRIE

Tous ceux qui sont entrés au panthéon des entrepreneurs ont un nunchi extrêmement rapide. Cela ne veut absolument pas dire qu'ils font preuve de tact pendant les conseils d'administration, ni qu'ils étaient particulièrement appréciés sur le plan humain. On peut être désagréable tout en ayant du nunchi et on peut aussi bien être très sympa mais n'avoir aucun nunchi. Le nunchi est neutre sur le plan moral ; cote de popularité et niveau de nunchi ne sont pas corrélés.

Steve Jobs était connu pour être particulièrement abrupt et pour sa tendance à afficher sans complexe son mépris pour certaines personnes et pourtant, il est évident qu'il avait du nunchi à revendre. Ses plus grands succès s'expliquent par le fait qu'il comprenait les gens mieux qu'ils ne se comprenaient eux-mêmes. En chair et en os, Jobs ne se cachait pas pour « regarder et évaluer » : il était connu pour dévisager sans vergogne ses interlocuteurs. Il a fait preuve d'un extraordinaire nunchi quand il a prédit la croissance exponentielle du chiffre d'affaires de la musique digitale. Il a raconté à Walter Isaacson, l'auteur d'une biographie autorisée, qu'à l'occasion du lancement du premier iPod sur le marché, Apple a « dépensé en publicité à peu près 100 fois plus que n'importe lequel de ses concurrents ». Il a été le premier à mettre le design au service de l'utilisateur et a imposé une règle à laquelle les développeurs de l'iPod n'avaient pas le droit de déroger : il fallait pouvoir trouver n'importe quelle chanson en trois clics maximum[10]. Il savait intuitivement ce qui risquait d'énerver les utilisateurs. C'est du nunchi à l'état pur.

Bill Gates est un autre géant de la technologie plein de nunchi. En 2001, il a anticipé que l'industrie du jeu vidéo dépasserait bientôt celle des films et il a donc décidé de se lancer dans ce secteur avec la Xbox. Je me souviens qu'à l'époque, je me suis dit qu'il n'y avait qu'un gamer invétéré pour croire que cela prendrait une telle ampleur. Mais cela en dit long sur ce que je comprenais à l'époque : en 2004, son pronostic était déjà devenu réalité. Grâce à des titres comme *Halo* ou *Call of Duty*, les jeux vidéo sont rapidement devenus un marché plus important que le cinéma. En 2018, les revenus annuels qu'ils génèrent sont supérieurs à ceux des films ET de la musique digitale combinés[11].

Cette aptitude à voir avant tout le monde ne s'explique pas seulement par le fait que Bill Gates est un génie de l'informatique mais avant tout par sa capacité à regarder et à évaluer les consommateurs et à utiliser son nunchi pour sentir dans quelle direction le vent souffle.

C'est la même chose pour Jeff Bezos : Amazon a perdu de l'argent pendant ses *quatorze premières années* d'existence parce que son fondateur considérait que le plus important était de construire un socle de clients fidèles et que les profits viendraient plus tard. Beaucoup pensaient qu'il était fou. Mais il avait compris comment raisonnent les consommateurs comme seul un expert en nunchi peut le faire. Il était déterminé à créer la première entreprise complètement centrée sur les consommateurs. Cela a été un tel succès que tous les autres vendeurs ont eux aussi mis en place une politique de retours simplifiés. Aujourd'hui, c'est tellement plus pratique d'être membre du programme Amazon Prime que plus personne n'imagine faire autrement. Et, en 2018, Amazon était valorisé à hauteur d'un billion de dollars.

Jobs, Gates et Bezos illustrent parfaitement l'importance de la Règle n° 8 : faites preuve d'agilité, soyez rapide. Leur capacité d'adaptation à un marché en perpétuelle évolution explique pour une large part leurs succès.

Steven Spielberg, le réalisateur des *Dents de la mer*, de *La Guerre des étoiles*, de *La Liste de Schindler* et j'en passe, est aussi doué pour utiliser son nunchi que pour raconter des histoires. Dans une note écrite en 1984 et aujourd'hui largement reproduite, un des producteurs qui travaillaient sur le film *Retour vers le futur* a critiqué le choix du titre. Qu'est-ce qu'il suggérait à la place ? *L'Homme venu de Pluton*.

Spielberg ne voulait pas en entendre parler mais il n'a pas immédiatement répondu en disant : « Occupe-toi juste de trouver les sous, d'accord ? » En 2015, le scénariste du film Bob Gale a raconté dans une interview au site de pop culture *Shortlist* que Spielberg s'était montré beaucoup plus subtil : « Il nous a dit : “Ne vous inquiétez pas, je m'en occupe” et a renvoyé une lettre dans laquelle il a écrit : “Salut Sid, merci pour ta note, on était vraiment morts de rire, on attend la suite !” Il savait qu'après ça, Sid n'oserait jamais dire qu'il était sérieux. Et plus personne n'a fait de remarques sur le titre. Sans Steven, tout aurait été complètement différent[12]. »

Je me doute que vous êtes convaincu de connaître des exemples de gens qui ont réussi alors qu'ils n'ont pas de nunchi : « Mon boss, c'est le clone de David Brent et, pourtant, il est devenu le grand patron d'une boîte internationale ! » D'abord, est-ce que vous êtes sûr que vous ne confondez pas absence de nunchi et volonté délibérée de ne pas se soucier des autres ? Ce sont deux choses différentes. On peut tout à fait avoir un très bon nunchi mais décider d'être désagréable avec certaines personnes, exactement comme on peut naître avec un métabolisme rapide mais manger tellement mal qu'on finit par avoir un problème de surpoids.

Évidemment, beaucoup de gens qui occupent des positions de pouvoir manquent de nunchi, mais combien de temps s'y maintiennent-ils ? Et imaginez où ils seraient s'ils avaient un bon nunchi ! Il y a de grandes chances qu'un dirigeant avec un mauvais nunchi finisse par être impliqué dans un scandale ou par faire face à des difficultés. Cela arrive en général quand des gens sont tellement imbus d'eux-mêmes qu'ils pensent pouvoir se dispenser de nunchi et que leurs collègues ont peur de leur dire quoi que ce soit. Et au bout du compte, ils se crashent de façon spectaculaire. C'est un peu ce qui est arrivé à Elon Musk, ingénieur féru de technologie et cofondateur de la marque de voitures électriques Tesla. Il va traîner jusqu'à la fin de sa vie la rafale de tweets qu'il a eu la mauvaise idée d'envoyer en 2018 et dans laquelle il est allé jusqu'à traiter de « pédophile » un plongeur qui avait participé au sauvetage d'un groupe d'élèves prisonniers de la montée des eaux dans une grotte en Thaïlande. Dire qu'il a manqué de nunchi sur ce coup-là est un euphémisme.

En août de la même année, Musk a tweeté : « Je réfléchis à retirer Tesla de la bourse à 420 dollars l'action. J'ai trouvé l'argent. » Pour commencer, ce n'est pas comme ça qu'une entreprise de cette taille communique, sans même avoir préalablement demandé l'avis du conseil d'administration ni informé l'autorité des marchés financiers américaine (la Securities and Exchange Commission, SEC). Ensuite, il a déclaré que 420 était une référence à la façon dont on désigne parfois le cannabis en argot aux États-Unis. Encore une preuve que son nunchi avait pris des vacances. S'il a dit ça pour avoir l'air cool, il a vraiment mal lu la pièce : tout le monde s'est moqué de lui dans les médias et sur les réseaux sociaux, où son « j'ai trouvé l'argent » a inspiré une avalanche de blagues.

En septembre, la SEC a lancé contre lui des poursuites pour fraude et lui a infligé 20 millions de dollars d'amende. Dans son communiqué de presse officiel, elle a indiqué que ce qui constituait la fraude, c'était « une série de tweets mensongers destinés à donner des informations erronées au sujet d'une possible opération de retrait de Tesla[13] ». Musk a quitté son poste de président du groupe peu après. Tout le monde peut commettre des erreurs. Ce qui est symptomatique d'une déficience du nunchi, c'est d'en remettre une couche alors qu'on s'est trompé. C'est exactement ce que Musk a fait. Après cet épisode, en octobre 2018, il a de nouveau tweeté pour dire que « ça valait le coup » – on ne voit pas trop en quoi et en plus, ce n'était pas très malin étant donné que l'enquête était toujours en cours à ce moment-là.

Je ne me fais pas trop de souci pour lui mais cela montre bien que s'il est possible d'aller loin même sans nunchi, quand on joue au plus bête, on finit toujours par perdre.

QUELS SONT LES RAPPORTS DE POUVOIR SUR VOTRE LIEU DE TRAVAIL ?

Il est évident pour toute personne dotée d'un bon nunchi que le lieu de travail n'est pas un environnement basé sur les rapports de confiance. C'est le royaume du double langage et de la communication passive-agressive. Même si vous adorez vos collègues et que vous pensez que votre patron est un génie, je vous recommande de laisser votre nunchi branché en permanence.

La bonne nouvelle, c'est que votre nunchi au travail est probablement meilleur que dans les autres domaines parce que vous êtes déjà sur vos gardes. Je suis sûre que vous avez déjà utilisé votre nunchi dans les situations suivantes, par exemple :

– une collègue qui porte d'habitude des leggings de yoga et un survêtement à capuche vient plusieurs fois en tailleur parce qu'elle a « rendez-vous chez le médecin » ; vous vous dites qu'elle passe sûrement des entretiens. La semaine suivante, elle annonce qu'elle quitte l'entreprise ;

– vous remarquez que votre collègue Ollie n'est plus invité aux réunions. Un jour, vous faites semblant de ne pas comprendre et vous dites : « On devrait peut-être demander à Ollie de se joindre à nous ? » et votre boss répond : « Non pas la peine, on lui fera passer les messages. » Là, vous comprenez que l'entreprise prépare le terrain pour le licencier. C'est exactement ce qui se passe un mois plus tard.

Vous avez sûrement en tête des dizaines d'exemples de situations où votre nunchi vous a sauvé la vie, ou d'autres où à l'inverse vous en avez manqué et où cela vous a coûté une augmentation, des alliés ou même votre place.

Avec un bon nunchi, vous pouvez convaincre vos collègues d'appuyer une idée que vous avez eue sans même qu'ils s'en rendent compte.

Imaginons par exemple que vous êtes sur un très gros projet qui implique de mettre à jour l'archivage des fiches de paie. La plupart de vos collègues préfèrent le faire eux-mêmes, en interne. Darren, lui, pense que ce serait mieux de passer par un prestataire. Vous et vos collègues pensez que sous-traiter cette mission risque de conduire l'entreprise à procéder de la sorte pour un nombre croissant de tâches… jusqu'à ce que plus personne n'ait quoi que ce soit à faire. Darren considère qu'il a déjà trop de boulot.

Vous n'avez pas de temps à perdre. Il ne faut jamais laisser un débat durer trop longtemps : si tout le monde en a assez, votre hiérarchie tranchera à votre place. En plus, vous voulez obtenir gain de cause sur ce dossier mais sans que vos relations avec vos collègues se détériorent parce que vous serez amené à travailler à nouveau avec eux à l'avenir.

Alors, comment procéder ? La bonne nouvelle, c'est que vos collègues vous diront toujours (intentionnellement ou non) tout ce qu'il faut faire pour les convaincre.

Commencez par demander à Darren pourquoi il pense que le projet devrait être sous-traité – même si vous pensez que vous savez ce qu'il va répondre. Et faites bien attention *à ce qu'il ne dit pas*.

Admettons qu'il vous dise : « C'est trop de boulot de le faire nous-mêmes – c'est aussi simple que cela. » Pourquoi est-ce qu'il ne parle pas du risque que cela représente par rapport à la pérennité de son emploi ? Est-ce que c'est parce qu'il sait quelque chose que vous ignorez ? Observez-le : est-ce qu'il vous regarde un peu de haut ? Peut-être qu'il sait que son job n'est pas menacé parce qu'il est sur une shortlist pour une promotion et qu'il ne se soucie guère de ce qui va arriver au reste de l'équipe. Est-ce qu'il a l'air de se désintéresser de ce qui se passe dans l'entreprise ? Peut-être qu'il a déjà décidé de partir et se moque du reste. Essayez de repenser à son comportement ces derniers jours : est-ce que quelque chose vous laisse penser qu'il cherche du travail ? Quoi qu'il en soit, vous n'êtes pas sur la même longueur d'onde : lui pense à court terme.

Si vous croyez que c'est le cas, servez-vous-en. Descendez de votre cheval et laissez tomber la complainte sur le mode « mais on va tous se faire virer ! » Dites à Darren que vous acceptez – pour de vrai – de faire sa part du boulot supplémentaire pour le projet pour qu'il donne son accord. Est-ce que vous pouvez vraiment faire le travail de deux personnes ? Probablement pas, mais ce n'est pas ce qui compte. Vous avez gagné. Non seulement vous avez trouvé la parade au seul argument de Darren mais en plus vous avez marqué des points auprès de vos collègues et de vos patrons en montrant à quel point vous êtes investi dans le projet et prêt à tout pour leur simplifier la vie.

S'il s'agit d'un sujet prioritaire pour votre entreprise, vous pourrez demander des ressources supplémentaires ou un coup de main *plus tard*. Peut-être même qu'on obligera Darren à faire sa part au final ; il ne sera plus en position de refuser. À court terme, il faut obtenir gain de cause pour rétablir une forme de concorde. Ensuite, tout devient possible.

Avoir un bon nunchi dans le cadre professionnel, cela veut dire lire entre les lignes et ne pas se contenter des annonces officielles de son entreprise. C'est très mignon quand on lit que quelqu'un s'en va pour « relever de nouveaux challenges » ou « passer plus de temps avec sa famille » mais on sait tous que c'est seulement une façon convenue de dire que la personne est renvoyée. Quels sont les autres non-dits ?

Voici quelques exemples de choses qu'on ne vous dira pas directement mais que votre nunchi vous aidera à décrypter :

– nunchi de base : il y a quelques personnes qui échangent systématiquement des regards quand l'une d'entre elles fait une blague → c'est un petit clan qui se serre les coudes ;

– nunchi intermédiaire : un collègue convoque tout d'un coup beaucoup plus de réunions que d'habitude alors que des mails suffiraient → il vient de se prendre des remarques du patron ;

– nunchi supérieur : un employé pas très haut placé n'est vraiment pas doué mais personne ne lui fait jamais d'ennuis. Même les chefs sont sympas avec lui → Il est protégé par quelqu'un qui a du pouvoir dans l'entreprise. Soyez sympa vous aussi.

Quel est votre collègue qui arrive le mieux à obtenir le soutien des autres quand il a une idée, et comment fait-il ? Interrogez-vous sur sa façon de travailler, cela vous apportera des réponses à des questions que vous ne pensiez même pas à vous poser.

Dans votre entreprise, qu'est-ce qui est valorisé ? Est-ce que si on n'arrive pas tous les matins à 8 heures, on se prend une remarque ? Ou est-ce que cela n'a aucune importance pourvu qu'on fasse preuve de créativité ? Le nunchi demande de lire la pièce et de comprendre que toutes les pièces, tous les lieux de travail, sont différents.

En France, j'ai travaillé dans une boîte où tout le monde se criait dessus. Mes collègues considéraient que répondre calmement, c'était le signe qu'on ne les prenait pas au sérieux. Cela a été un vrai choc pour moi parce qu'en tant qu'« Anglo-Saxonne » (comme vous dites en France), j'ai appris à garder mon calme en toutes circonstances et à considérer que le premier à élever la voix a perdu. Donc, pour pouvoir travailler dans ce nouvel environnement, j'ai dû me mettre à crier moi aussi. Plusieurs années plus tard, je suis repartie travailler dans une entreprise américaine et là, j'ai dû très vite arrêter de crier parce que sinon c'en était fini de ma carrière.

Au sein même d'une entreprise, les habitudes de travail changent avec le temps et parfois de façon très soudaine. L'arrivée d'une nouvelle équipe dirigeante peut par exemple tout remettre en cause. Si le précédent grand patron avait des posters motivants dans son bureau du genre « Travailler en équipe » mais que le nouveau les remplace par des photos de son bateau, ce n'est plus la même entreprise même si le nom sur la boîte aux lettres est toujours le même. Arriver à lire la pièce, percevoir les changements, tout cela vous aidera à rester agile et adaptable.

LE NUNCHI PENDANT LES RÉUNIONS DE TRAVAIL

Si c'est vous qui organisez la réunion, pensez à toujours, TOUJOURS !, à faire circuler quelque chose grignoter avant de commencer. Je ne dis pas entrée-plat-dessert ni quelque chose de trop élaboré : une simple boîte de confiseries suffit. Dites à tout le monde (mais sans crier) : « Bonjour à tous et à toutes, j'ai apporté des [tel produit]. » Pensez à bien dire « tous et toutes », pour mettre l'accent sur le fait que pendant l'heure que va durer la réunion, vous formez un organisme vivant.

Donnez la boîte à la personne qui se tient à votre gauche et dites à tout le monde d'« en prendre et de faire passer ». Ne vous contentez pas de mettre la boîte au milieu de la table et de dire « servez-vous ». C'est contre-productif. C'est le mouvement de circulation des friandises qui crée littéralement la rondeur. Cela induit de la souplesse dans la pièce et permet de se connecter, comme une course de relais où on se transmet le témoin. C'est une façon d'inciter les personnes présentes à faire attention les unes aux autres – au moins à leurs voisins de gauche et de droite –, ce qui renforce l'impression de faire partie d'une « ruche ». Ça marche même si les gens ne prennent rien dans la boîte. En plus, comme ils ont quelque chose à faire, vos collègues en voudront un peu moins à ceux qui sont en retard.

Le cercle d'énergie positive que vous avez créé est comme une force qui unit les personnes présentes et les aide à mieux travailler ensemble, à davantage s'intéresser à ce que vous et les autres allez dire – et donc, cela contribue à ce que votre réunion porte ses fruits. Et ce n'est pas seulement bon pour eux – ça l'est aussi pour vous. Pendant qu'ils mangent, vos collègues ne parlent pas. Même si cela ne dure que quelques secondes, utilisez ce précieux laps de temps pour vous concentrer et respirer profondément, sans oublier d'observer ce qui se passe.

Ils commencent à discuter. Bien. Cela vous permet d'apprendre qu'Helen a dix chiens qui adorent telle marque de biscuits, que le parfum préféré de Siobhàn c'est la cerise, que Julie a fait un régime toute sa vie et que David est à moitié belge. Pour quelqu'un qui n'a pas spécialement de nunchi, ce sont des commentaires sans importance. Mais pour un expert, tout a de l'importance : il s'agit forcément d'informations utiles, aujourd'hui ou plus tard.

Cela vous permettra également de vous faire une idée de ce que vos collègues ont dans la tête à ce moment-là : profitez-en pour comprendre qui est fatigué, qui a l'air contrarié, qui n'arrête pas de taper sur son ordinateur, qui ne prend pas de friandises quand vous l'avez énervé. Utilisez ces éléments pour adapter la réunion et montrez-vous prévenant avec ceux qui en ont besoin. Si l'un des participants a l'air un peu dans la lune, demandez-lui son avis en premier pour le faire atterrir. C'est *votre* réunion.

Proposer quelque chose à manger, c'est d'abord une question de bonnes manières et rappelez-vous la Règle n° 5 : si les bonnes manières existent, c'est qu'il y a une raison. Et puis, d'un point de vue purement machiavélique, c'est une façon de prendre le contrôle de la réunion.

Si on n'attend pas de vous que vous participiez activement à la réunion, profitez de cette occasion en or pour exercer votre nunchi et observer. Même si vous détestez les réunions, allez à celles qui sont « optionnelles » (en fonction de vos contraintes d'agenda, bien sûr). Vous en apprendrez dix fois plus sur vos collègues que dans celles où vous êtes le centre de l'attention.

Aux idées de qui tout le monde répond-il ostensiblement en hochant la tête en signe d'approbation ? Qui voit ses idées systématiquement écartées ? Est-ce qu'il y a deux personnes qui sont tout le temps en désaccord, quel que soit le sujet ? Si l'un de vos collègues arrive à tous les coups à recueillir l'adhésion des autres participants, comment fait-il ? Est-ce que ceux qui arrivent le mieux à se faire entendre sont ceux qui présentent le mieux ? Ceux qui parlent le moins vite ? Ou bien ceux qui utilisent le mieux leur nunchi – en répondant à chaque élément de langage corporel négatif par un « J'aimerais avoir votre avis là-dessus » encourageant ?

Faire attention à ce genre de détails vous en apprendra plus sur les rapports de pouvoir dans votre entreprise que d'interroger individuellement chaque membre de votre équipe sur la façon dont il perçoit le fonctionnement de la boîte.

Observez, observez, observez ; écoutez, écoutez, écoutez.

Deux yeux, deux oreilles, une bouche.

LE NUNCHI ET LES SOIRÉES DE BOULOT

Essayez ça la prochaine fois que votre entreprise organise un événement festif. Au moment où vous entrez, restez près de la porte avant de parler à qui que ce soit et regardez la pièce en entier, comme si vous alliez devoir la peindre de mémoire plus tard. Qui est présent et où se tiennent les invités ? Est-ce que leur comportement vous paraît normal compte tenu de ce que vous savez d'eux ? Est-ce que leur langage corporel suggère une hiérarchie qui n'est pas celle qui apparaît dans les documents officiels ? Qui reste près du buffet ? du bar ? le boss ?

Vous pouvez en apprendre beaucoup plus sur un environnement professionnel en lisant la pièce qu'en regardant sur le site Internet.

DEMANDER UNE AUGMENTATION

Théa a obtenu un rendez-vous avec Mme Jeparlebeaucoup, pour discuter d'une augmentation. Elle vient d'être promue mais ils n'ont pas encore parlé salaire.

Tous les négociateurs vous le diront, il faut commencer par essayer de savoir la fourchette que votre interlocuteur a en tête *avant* d'avancer un chiffre. Cela veut aussi dire qu'il faut suivre la Règle n° 4 : ne ratez jamais une occasion de ne rien dire. Si vous ne dites rien, la personne en face de vous vous dira tout ce que vous avez besoin de savoir sans que vous le demandiez.

Théa avait remarqué que Mme Jeparlebeaucoup n'arrêtait pas de parler. Elle se sentait obligée de meubler les silences en disant quelque chose. Donc Théa s'est assise et a juste dit : « Je voudrais qu'on discute de mon augmentation de salaire correspondant à mes nouvelles responsabilités. »

Elle s'est tue et Mme Jeparlebeaucoup n'a pas pu s'empêcher de dire quelque chose. Elle lui a dit : « J'imagine que vous êtes très remontée vu qu'on ne vous a pas accordé les 3 % d'inflation l'année dernière. »

Théa ne savait même pas de quoi il s'agissait mais elle est restée *silencieuse*. Ce qui bien sûr a conduit Mme Jeparlebeaucoup à en dire encore plus : « OK, c'est compréhensible » (encore une fois, Théa n'avait rien dit : elle ignorait qu'elle avait droit à une augmentation de 3 % en raison de l'inflation). « Deux ans d'inflation, ça fait déjà 6 %, vous espériez au-delà ? »

Théa n'a toujours pas pipé mot. Mme Jeparlebeaucoup a continué : « Enfin, je veux dire, je ne peux pas vous donner un salaire à six chiffres, c'est 25 % de plus que ce que gagne le plus haut placé de votre équipe. »

DING DONG ! Voilà l'information que Théa attendait. Sans s'en rendre compte, Mme Jeparlebeaucoup venait de lui dire exactement la fourchette à laquelle elle pouvait prétendre. Limite basse : 6 % d'augmentation de salaire.

Limite haute : 80 000 euros, qui correspondent au montant que touche le plus haut placé de l'équipe selon l'estimation de Théa (étant entendu qu' un salaire à six chiffres, cela veut normalement dire 100 000 euros). Théa savait qu'on lui ferait une contre-proposition inférieure mais acceptable et c'est exactement ce qui s'est passé. Au final, elle a obtenu une augmentation de 20 % et, grâce aux renseignements lâchés par Mme Jeparlebeaucoup, elle était sûre de ne pas avoir demandé trop peu.

On dit parfois que c'est à partir du moment où l'une des deux parties se sent offensée par la proposition de l'autre que la négociation peut vraiment commencer.

Si votre boss est choqué par votre première demande, ne faites pas machine arrière : cela veut dire que vous êtes sur la bonne voie.

RECRUTER DE NOUVEAUX COLLABORATEURS

Il y a de vrais vampires qui arrivent à se faire passer pour des êtres humains normaux pendant la journée en mettant un costume et, dans toutes les entreprises où j'ai travaillé, il y en a toujours quatre ou cinq qui arrivent à se faire recruter. Je suis sûre que c'est la même chose pour vous. S'ils sont déjà en poste quand vous prenez vos fonctions, c'est différent. Mais si vous avez la chance de participer aux entretiens de recrutement avant qu'on les embauche, faites appel à 100 % de votre nunchi non seulement pour étudier les candidatures mais aussi pour convaincre vos collègues de faire le bon choix. En plus, les vampires se débrouillent toujours pour faire venir leurs amis, donc un seul, c'est déjà trop. Sans compter que, bizarrement, c'est souvent difficile d'obtenir leur départ.

Les gens mentent de plus en plus dans leur lettre de motivation, ce qui veut dire que si vous êtes chargé du recrutement, il faut vraiment que votre nunchi soit en état d'alerte. Une partie du problème, c'est que ce sont souvent des algorithmes qui font le premier tri : si un candidat utilise les mots-clés qui ont été rentrés dans la machine (par exemple : JavaScript, télémarketing, management, etc.), son profil est automatiquement envoyé aux RH. Dans le cas contraire, il reçoit un message automatique de refus. Donc les gens qui cherchent du travail ont parfois tendance à s'inventer des compétences de peur de se faire éjecter du processus de recrutement par l'ordinateur. Et, du coup, il est malheureusement devenu presque normal de mentir sur *à peu près n'importe quel aspect* de son CV.

Les mauvais managers considèrent que ce qui est écrit dans les lettres de motivation est purement indicatif. « Je le sens bien celui-là », disent-ils, ou encore : « Il avait une poignée de main ferme » et ça leur suffit. Mais avoir vraiment du nunchi n'implique pas *seulement* d'observer le langage corporel et de regarder le candidat dans les yeux. Il faut également lire – littéralement – entre les lignes de son CV. C'est là que vous pourrez vraiment comprendre le parcours de la personne qui passe l'entretien. Et s'il y a des incohérences, vous devez mettre votre éventuel « bon feeling » de côté. Surtout, n'oubliez pas que ce « bon » ou « mauvais feeling » peut tout à fait être le résultat d'*a priori* inconscients fondés sur le genre, l'origine ethnique, la désirabilité ou d'autres facteurs qu'on a généralement du mal à admettre.

À titre personnel, on m'a souvent dit de laisser tomber quand j'ai demandé qu'on élimine une candidature pour flagrant délit de mensonge. Les gens me disaient : « C'est pas bien grave » s'ils trouvaient la personne en question charmante. Mais un recruteur qui a du nunchi sait que certaines petites choses peuvent en trahir de beaucoup plus importantes. Malheureusement, à cause de la pression sociale, les gens n'osent plus tenir compte de ces petites choses. J'ai pu, par exemple, constater que les personnes qui disent parler « couramment » une langue sans en être réellement capables sont en fait souvent des spécialistes du baratin en tout genre.

Dire « couramment, c'est subjectif » n'est pas une excuse valable. C'est une blague ? Cela n'a rien de subjectif. Quand on prétend « parler couramment » une langue simplement parce qu'on est capable de commander son déjeuner au restaurant, je considère que c'est une forme d'indélicatesse culturelle : c'est une insulte envers les millions de personnes qui la parlent vraiment. Ce serait beaucoup plus respectueux de dire « conversation courante » ou « en apprentissage ». Personne n'y trouvera rien à redire.

Quand quelqu'un ment sur ses compétences, c'est rarement une bonne nouvelle, que cela ait un rapport avec le poste à pourvoir ou pas. C'est souvent caractéristique des personnes qui font tout pour ne pas se faire démasquer : elles n'admettront jamais ne pas savoir quelque chose, même si leurs collègues pourraient tout à fait les aider. C'est le genre de personnes qui obligeaient les bons élèves à faire leurs devoirs à leur place. Malheur à vous si vous êtes le bon élève…

LE NUNCHI ET LES COLLÈGUES IDIOTS

Ce qui est étonnant avec les idiots, c'est qu'ils arrivent quand même à avoir de l'influence. C'est parce qu'ils sont absolument convaincus de ce qu'ils pensent et aussi parce que les mauvaises idées ont cette capacité à se répandre comme par magie.

En fait, les gens vraiment idiots le sont trop pour s'en rendre compte. L'effet Dunning-Kruger est une des forces qui régissent l'univers, au même titre que la gravité et les placements à intérêts composés. Comment affronter un adversaire aussi redoutable que l'idiotie ? Montrer aux gens à quel point vous les trouvez stupides n'est pas très efficace ; croyez-moi, j'ai essayé. Gardez à l'esprit que votre objectif n'est pas de démontrer que vous êtes plus malin. C'est d'arriver à les faire tomber d'accord avec vous, pour vous éviter à tous d'avoir des problèmes. Le nunchi sur son lieu de travail sert à survivre, pas à flatter son propre ego.

Un expert en nunchi s'inspirera des méthodes socratiques. Socrate, le célèbre philosophe de la Grèce antique, faisait semblant d'être un peu simple pour convaincre ses interlocuteurs. Il posait des questions pour démonter la logique de leurs arguments. À la fin, ils étaient persuadés d'avoir eux-mêmes trouvé les réponses.

Faites comme lui. Pourquoi ? Parce que tout le monde, idiot ou pas, aime avoir l'impression de jouer un rôle déterminant. Voici un exemple.

Le collègue débile : « Bon, je me suis dit que ce serait bien de mettre des images mignonnes de petites souris dans notre mailing aux clients mais

Roberta du département créa est malade, donc j'ai fait un copier-coller de dessins de Mickey Mouse. »

Vous : « Ah, et donc les gens de chez Disney t'ont dit que c'était OK ? Cool ! Ils t'ont répondu super vite ! »

Le collègue idiot : « Non, ils ne m'ont rien dit mais je suis sûr que c'est bon. »

Vous : « OK, en tout cas, c'est bien que le service juridique nous laisse un peu tranquilles ! Ils sont pénibles avec *leurs histoires de procès*, tu trouves pas ? Qu'est-ce qu'ils peuvent être coincés ! »

Le collègue idiot (en pleine réflexion) : « Euh, en fait je ne leur en ai pas parlé. Tu sais quoi ? Je viens d'avoir une autre idée pour les images de souris. Disney, c'est vraiment cliché non ? »

Qu'est-ce qu'il s'est passé ? Le collègue idiot s'est rendu compte que vous aviez sûrement raison mais, en utilisant la méthode socratique, vous lui avez laissé la possibilité de faire comme si l'idée de renoncer à utiliser sans permission les images de Disney sous licence venait de lui. Il a pu sauver la face et vous en saura gré.

Le nunchi, c'est comme un art martial mental : si quelqu'un vous attaque avec une idée totalement farfelue qui risque de vous faire tous virer, ne vous épuisez pas dans un combat singulier ; utilisez plutôt le poids de votre adversaire – et de son entêtement – contre lui. Laissez libre cours à sa débilité et il abandonnera probablement de lui-même.

OBTENIR CE QUE VOUS SOUHAITEZ SUR LE PLAN PROFESSIONNEL

La meilleure façon d'utiliser son nunchi pour obtenir ce que vous souhaitez sur le plan professionnel est parfois contre-intuitive : il faut déterminer ce que votre supérieur hiérarchique veut et ce que *ses supérieurs à lui* veulent. Ensuite, trouvez une façon de présenter ce que *vous* souhaitez comme une solution : vous vous ferez bien voir parce que vous aurez résolu un problème qu'ils n'avaient pas conscience d'avoir. Un employé avec un bon nunchi regarde toujours au-delà de son propre rôle et de ses seules ambitions personnelles. Il prend en compte l'entreprise dans son ensemble et articule ses objectifs avec la stratégie globale, pour en tirer avantage.

Antony veut une promotion mais il sait que sa boîte ne va pas très bien sur le plan financier. Il est très performant et se sent prêt à assumer un rôle managérial mais, compte tenu des circonstances, il est conscient du fait que ce serait mal perçu s'il allait dans le bureau de sa boss demander directement une augmentation. Plutôt que d'être aigri de ne pas pouvoir avancer ou de se plaindre auprès de ses collègues de l'absence de perspectives d'évolution, Antony observe ce qui se passe sans perdre de vue son objectif. Il remarque que sa boss a l'air particulièrement stressée à chaque fois qu'il lui faut faire des réunions avec ses nombreux collaborateurs, dont Antony. Il l'entend dire à ses propres supérieurs hiérarchiques que le management de l'équipe lui prend énormément de temps alors qu'elle pourrait l'utiliser pour ramener de nouveaux clients.

Lors de la réunion suivante, Antony propose une nouvelle organisation de l'équipe dans laquelle il devient le référent de cinq collaborateurs de sa boss, qui récupère ainsi un peu de place dans son agenda. Les discussions durent quelques semaines mais finalement l'idée d'Antony est retenue et il obtient donc sa promotion. Surtout, sa boss voit désormais en lui un collaborateur intelligent et ambitieux qui sait résoudre les problèmes et non quelqu'un qui se plaint de ne pas obtenir de promotion.

En employé plein de nunchi, prenez le temps d'observer votre patron, de comprendre quelles sont ses priorités et de trouver une façon d'en faire des opportunités pour votre carrière.

LES ENTRETIENS D'EMBAUCHE

« Bon, parlons tout de suite du sujet qui fâche », c'est ce que la chargée de recrutement m'a dit un jour alors que je venais à peine de m'asseoir en face d'elle. C'était pour travailler pour un magazine. Je n'avais aucune idée de ce qu'elle voulait dire par « sujet qui fâche ». Mon nunchi me disait de ne rien dire, même si dans ma tête ça se bousculait : « On lui a dit du mal de moi ? Ma veste sent le cannabis ? »

Elle a enchaîné : « On vient de licencier pas mal de monde c'est vrai, mais ce n'est pas à cause de problèmes financiers. On est en train d'essayer de moderniser un peu le magazine, de changer notre image et certains des membres de l'équipe n'adhéraient pas au projet. Mais bon, on ne les a pas laissés sur le carreau du jour au lendemain non plus. »

En trois minutes à peine, elle venait de m'offrir sur un plateau tout ce dont j'avais besoin pour cet entretien sans que j'aie besoin de dire quoi que ce soit sur mon parcours. Qu'est-ce qu'on pouvait déduire de ces quelques phrases ? Qu'ils avaient renvoyé non pas un ou deux mais un nombre conséquent de dirigeants, probablement les plus hauts salaires, et que ce n'était pas passé inaperçu si bien que les RH étaient obligés de s'expliquer avant de commencer la discussion. Donc que ce n'était peut-être pas l'endroit idéal où bosser à ce moment-là. Je pouvais aussi en déduire que, si j'avais envie d'impressionner mes interlocuteurs dans la suite du processus de recrutement, il fallait que je mette l'accent sur ma capacité d'adaptation et que je dise à quel point j'adorais la nouvelle image du magazine.

Ils n'ont pas donné suite. Je ne sais pas si le poste a été pourvu. Tout ce que je sais, c'est que moins d'un an plus tard, une autre personne des RH m'a contactée sur LinkedIn au sujet du même poste. En d'autres termes, ils avaient du mal à garder leurs employés, celui ou celle qui avait eu le job mais aussi les recruteurs du service RH. Ce n'était pas vraiment surprenant, au vu des premières minutes de mon entretien.

Pendant un processus de recrutement, laissez votre interlocuteur parler le plus longtemps possible et retenez-vous de l'interrompre pour lui dire à quel point vous seriez parfait pour le poste. Pourquoi ? Parce que la personne en face de vous va finir par se trahir et vous révéler ce qu'ils recherchent chez les candidats, tout vous dire sur les valeurs de l'entreprise et peut-être même pourquoi ils se sont séparés de la personne que vous remplaceriez. En sachant cela, vous pouvez tranquillement construire votre argumentaire.

Qu'est-ce qui donne le plus de pouvoir à votre nunchi ? Le fait que les gens parlent trop.

Beaucoup de gens en recherche d'emploi sont parfois mécontents de devoir en passer par le service RH avant de pouvoir rencontrer la personne qui a le dernier mot concernant le recrutement : c'est une blague ? Un premier entretien avec les RH, c'est un cadeau du ciel. Ils sont là pour vous vendre la boîte, donc ils vont vous dire beaucoup de choses. Votre job est de les laisser parler jusqu'à ce qu'ils n'aient plus rien à dire. Cela vous renseignera davantage sur la façon d'aborder l'entretien avec le décideur qu'il n'aurait pu vous en dire lui-même.

Même si le recruteur prétend qu'ici, c'est la maison du bonheur, lisez entre les lignes et vous serez en mesure de deviner qui est le bon, la brute et le truand. C'est comme si on vous expliquait par le menu ce qu'il faut dire dans la suite du processus.

On en revient à la Règle n° 4 : ne ratez jamais une occasion de ne rien dire. Si vous êtes suffisamment patient, on répondra à la plupart de vos questions sans que vous ayez besoin de les poser.

LA PREMIÈRE SEMAINE DANS VOS NOUVELLES FONCTIONS

Rappelez-vous la Règle n° 3 : quand vous entrez dans une pièce (dans ce cas précis, un nouveau job), rappelez-vous que les autres y sont depuis plus longtemps que vous. Observez-les pour obtenir des informations. Par pitié, n'essayez pas d'attirer l'attention ou de faire de l'esprit et ne payez pas les sushis pour tout le monde à peine arrivé. Cela ne vous rendra pas aussi sympathique que vous pourriez le croire. En revanche, présentez-vous à toutes les personnes que vous croisez, essentiellement pour pouvoir commencer à vous faire une idée sur elles et non pour chercher tout de suite à vous en faire des alliés. Votre priorité, c'est d'observer, pas de lancer l'opération séduction.

Ne révélez rien de personnel si vous pouvez l'éviter, même ce qui peut paraître complètement anodin, comme dire où vous habitez ou combien d'enfants vous avez. Quand vous parlez de vous, vous désactivez votre nunchi parce que vous oubliez de faire attention à ce qui se passe.

Rappelez-vous : dans un nouveau boulot, pendant les premiers mois, tout dépend de l'image que vous renvoyez. Méditez le vieux dicton : « Celui qui a la réputation d'être matinal peut dormir jusqu'à midi. » En d'autres termes, si vous donnez dès le départ l'image de quelqu'un de sérieux et digne de confiance, les gens seront beaucoup plus indulgents ensuite.

LE NUNCHI POUR CEUX QUI DÉTESTENT LEUR BOULOT

Cela peut arriver. Votre situation est peut-être tellement sans issue qu'aucun de mes conseils ne vous parle. Votre collègue est peut-être vraiment pervers, votre patron est peut-être un sadique et peut-être que c'est compliqué d'obtenir un congé maladie. Et peut-être qu'à cause des contraintes dans votre branche d'activité, de la conjoncture économique ou des personnes qui sont à votre charge, ce n'est pas facile de vous décider à chercher un autre travail pour l'instant.

Si c'est le cas, voici une citation du moine bouddhiste coréen Haemin Sunim qui est l'auteur du best-seller international *The Things You Can See Only When You Slow Down* (en français : *Les Choses que vous ne pouvez voir que quand vous allez moins vite*, non traduit) :

> « Si à la fin de votre journée de travail, vous vous dites : "Est-ce que je suis vraiment condamné

à continuer comme ça jusqu'à la fin de mes jours ?", essayez ça : levez-vous un petit peu plus tôt le lendemain matin, asseyez-vous sans rien dire, comme si vous méditiez. Respirez lentement et profondément. Demandez-vous comment votre travail aide les autres, même un tout petit peu et même indirectement. En vous focalisant sur les autres, vous redonnez du sens à votre travail et il redevient une source de motivation. »

C'est le nunchi dans ce qu'il a de plus noble, donc je répète : *comment votre travail aide les autres, même un tout petit peu et même indirectement*. Peut-être que vous arrivez à rendre service à des clients de temps en temps. Peut-être que vous terminez tellement tard que vous êtes encore là quand les agents d'entretien arrivent. Et peut-être que vous êtes le seul à leur dire bonjour, alors que leur travail mérite d'être reconnu, non ? Pourquoi ne pas leur proposer un café ou un biscuit ? Eux aussi préféreraient être chez eux ; il ne s'agit pas que de vous.

Est-ce que ces petits gestes sont suffisants pour vous réjouir d'aller au travail si les conditions y sont déplorables ? Probablement pas mais cela vous apportera quelque chose d'encore plus important : du sens au milieu de ces moments pénibles.

QUIZ

Répondez à ces questions au sujet de votre lieu de travail. Répondez du tac au tac, sans réfléchir. Il n'y a pas de bonne ou de mauvaise réponse : c'est pour exercer votre nunchi.

1. En une phrase, décrivez quels traits de caractère sont les plus recherchés dans votre entreprise.
2. Expliquez comment vous êtes arrivé à donner la réponse à la question 1.
3. Dans votre boulot actuel et dans vos précédents postes, qui était du matin et qui ne l'était pas du tout ?
4. Est-ce que vous avez déjà eu l'impression que tout le monde n'est pas traité de la même façon en matière de contraintes extraprofessionnelles ? Par exemple, est-ce que Monsieur X peut aller voir ses enfants jouer leur pièce de théâtre à l'école sans que personne y trouve à redire alors que Madame Y se prend des remarques quand elle fait exactement la même chose ? Si c'est le cas, qu'est-ce qui explique ce « deux poids, deux mesures ? »
5. Est-ce que les gens les plus discrets sont ceux qui sont le plus efficaces ou sont-ils simplement réservés ? Est-ce que vous diriez qu'ils sont mieux ou moins bien considérés que vos collègues plus extravertis ?

Si vous ne savez pas quoi répondre à certaines questions, observez vos collègues lors de la prochaine réunion. Ce n'est pas grave si vous n'allez pas jusqu'au bout de la liste : l'objectif est d'allumer votre nunchi et de donner à vos sens de quoi travailler. Ce que vous apprendrez va bien au-delà des réponses.

CHAPITRE 9

LE NUNCHI POUR LES ANXIEUX

Une des raisons qui m'ont conduite à écrire ce livre, c'est que beaucoup d'ouvrages sur la vie de tous les jours proposent une « aide » que je ne trouve pas très efficace. Souvent, les conseils se résument à « Pour aller bien, il faut déjà aller pas trop mal ». Vous voyez ce que je veux dire, des choses comme : « Aimez-vous vous-même sinon personne ne vous aimera. » C'est du chantage ou quoi ? Autant dire aux gens de se suicider tout de suite !

Une des choses les plus appréciables dans le nunchi, c'est justement que vous n'avez pas du tout besoin d'aller bien pour qu'il vous soit bénéfique. Il peut vous être utile, que vous soyez en pleine gloire, au fond du trou ou n'importe où entre les deux. En fait, plus on est anxieux, plus le nunchi est aiguisé – rappelez-vous que c'est le petit plus de ceux qui n'ont rien.

Cela dit, il faut quand même ouvrir *son esprit* à son nunchi – activer la capacité d'observation qu'on a en soi et qui peut nous aider. Je parle en connaissance de cause : j'ai mis du temps à apprendre à utiliser mon nunchi, et cela n'a pas été sans douleur. J'ai été suivie par un médecin parce que je souffrais d'anxiété sociale donc je ne sais que trop bien à quel point cela peut être handicapant. Malheureusement, ce mal est de ceux pour lesquels le seul remède 100 % efficace – ne plus être en contact avec un seul être humain – n'est ni vraiment possible ni vraiment souhaitable. Il y a des gens qui pensent que s'ils deviennent très riches, ils pourront limiter les interactions mais ils s'aperçoivent vite que le succès venu, c'est exactement le contraire qui se produit.

Si vous êtes dans cette situation, en quoi vous focaliser sur les autres pourrait-il vous être utile ? Ce sont eux le problème, non ? D'une certaine façon, c'est vrai mais, pour un expert en nunchi, ils sont aussi la solution. Ou plutôt, changer la façon dont vous les voyez est la solution.

J'en reviens à nouveau aux stoïciens : vous devez vous concentrer sur ce que vous pouvez contrôler, c'est-à-dire votre jugement et vos actes. Du guide spirituel au thérapeute, tout le monde vous dira que le meilleur moyen non médical de soigner une dépression est d'aider les autres. C'est la même chose pour l'anxiété sociale : le meilleur remède non médical, c'est le nunchi. Vous pouvez l'utiliser pour mettre toute votre énergie non pas sur votre propre mal-être mais sur les gens qui sont autour de vous.

Les boudhistes parlent des différentes formes d'anxiété comme de « l'esprit singe ». Représentez-vous l'anxiété sous la forme d'un singe agité et bruyant dont vous ne pouvez pas vous débarrasser parce qu'il fait partie de vous. Si vous grondez le singe ou essayez de le mettre dans une cage, vous arriverez juste à l'énerver encore plus. En revanche, vous pouvez essayer de lui donner un objet pour le distraire : « Va chercher ! C'est un bon singe ça ! » Bien sûr, évitez de dire ça tout fort si vous êtes sur l'estrade, sur le point de faire un discours aux Nations unies, mais vous voyez ce que je veux dire.

Les boudhistes pensent que vous pouvez occuper le singe en lui disant de se concentrer sur votre respiration. Donc quand vous sentez arriver une bouffée d'angoisse, respirez profondément et calmement et rappelez-vous que pendant les quelques minutes qui vont suivre, vous serez dans la position de l'observateur. « On est là uniquement pour regarder, petit singe. »

Si vous angoissez à l'idée de parler aux gens, rappelez-vous la Règle n° 1 et videz votre esprit : ne vous préoccupez pas de l'impression que vous allez faire. Observez plutôt vos interlocuteurs, comme si on vous avait demandé d'écrire un rapport détaillé à la Sherlock Holmes sur eux. Dans votre tête, retenez les détails : est-ce qu'ils ont l'air essoufflés ? Est-ce que c'est de l'asthme ou sont-ils juste en mauvaise forme ? Ou peut-être qu'ils sont aussi nerveux que vous ! Une trace de vomi sur l'épaule ? Un bébé à la maison, peut-être. Utilisez ces détails pour vous faire une image mentale : comment est-ce que cette femme habille son enfant ? De quelle couleur est la chambre du bébé, rose, bleue ou neutre ? Vous vous construisez tout un univers dans la tête et vous n'avez peut-être pas tout bon mais honnêtement, ce n'est pas très grave. Vous êtes juste en train d'essayer de focaliser votre esprit sur autre chose que vous-même pour calmer vos angoisses. Si vous vous sentez toujours oppressé, arrêtez de vous focaliser sur les individus. Rappelez-vous que le nunchi prend pour unité de référence la pièce – sortez de vous-même et prenez en considération toute la pièce pour faire un tableau aussi grand qu'un pan de mur, comme ceux qu'on voit dans les musées et qui représentent des couronnements ou des parties de campagne.

Je sais que si vous êtes au bord de la crise de panique à l'idée de devoir affronter une situation sociale à fort enjeu, vous n'allez pas trouver révolutionnaires des conseils comme « Faites taire votre esprit » ou « Focalisez-vous sur les autres » : « Waouh, merci beaucoup, je suis guéri ! ». Je comprends. Mais croyez-moi quand je vous dis que le nunchi peut vous aider à surmonter certains des plus grands défis que vous aurez à relever dans votre vie, essentiellement en vous faisant vous concentrer sur autre chose que vous-même.

Plutôt que d'angoisser à l'idée de devoir trouver des sujets de conversation, pourquoi ne pas *arrêter de chercher ?* Pourquoi ne pas juste écouter un peu les autres ? Si vous regardez et écoutez attentivement – c'est-à-dire que vous utilisez ce *fichu nunchi* –, les gens vous donneront toutes les informations dont vous aurez besoin pour savoir quoi dire.

NB : L'anxiété sociale, ce n'est pas simplement ne pas aimer les gens ; là, le nunchi ne peut pas grand-chose pour vous.

L'ADAPTABILITÉ

Comme je le dis plus haut, je ne suis pas née avec un nunchi rapide. Je l'ai acquis parce que j'ai été obligée de m'adapter aux bouleversements de ma vie quotidienne, à commencer par le déménagement familial des États-Unis en Corée du Sud quand j'avais douze ans. Mon nunchi s'est développé tardivement et chaque jour je me rends compte de tout ce qu'il me reste à apprendre en la matière.

Tout le monde doit se réinventer plusieurs fois ; je ne suis pas une exception. Je n'ai jamais vraiment arrêté de changer de pays puisque j'ai vécu à Francfort, à Berlin, à Paris et à New York – et certaines fois, je suis revenue habiter dans une ville que j'avais quittée.

Je ne dis pas que ces expatriations m'ont rendue meilleure ou plus sage que qui que ce soit. Je dis juste que mon parcours m'a rendue plus adaptable. Donc je sais de quoi je parle quand je vous dis que la citation « tout ce qui ne me tue pas me rend plus fort », c'est n'importe quoi, mais que, en revanche, *votre capacité d'observation et votre adaptabilité* vous rendront plus fort.

Partir habiter dans un autre pays vous permet de vous rendre compte des différences culturelles, et parfois cela peut être assez brutal. Quelque chose qui passe sans problème aux États-Unis peut être très mal vu en Italie. Les règles de conduite non écrites ne sont pas du tout les mêmes en Europe et en Asie. Et il peut même y avoir des petites différences culturelles à l'intérieur d'un même pays, voire d'une même ville. Être capable d'observer et de s'adapter vous sera utile où que vous alliez.

L'ANXIÉTÉ *VS* LE NUNCHI

« Écouter son instinct », c'est parfois plus facile à dire qu'à faire. Si vous avez un rendez-vous avec quelqu'un qui vous plaît, ce n'est pas évident de savoir si votre instinct vous parle depuis vos tripes, votre intellect, votre cœur ou votre entrejambe.

Cela peut être la même chose avec votre nunchi. Par exemple, si vous avez soudain des sueurs froides, est-ce que c'est à cause de quelque chose d'irrationnel, comme une peur incontrôlable que des canards s'introduisent chez vous et vous assassinent, ou parce que votre nunchi vous dit qu'il y a réellement un danger ?

Je crois que dans une certaine mesure, un mauvais nunchi, ce n'est pas vraiment un mauvais nunchi :

c'est que les gens ne veulent pas se rendre à l'évidence et faire ce que leur nunchi leur dit de faire. Quand ils comprennent que les informations qu'ils ont recueillies leur disent de prendre une décision, ils font comme avec les otages : un chiffon dans la bouche et hop, dans le coffre de la voiture. Ils ont peur de la vérité. Ils refusent d'accepter qu'ils sont alcooliques ou que leur superbe partenaire leur ment, tout simplement ; ils préfèrent s'inventer des problèmes beaucoup plus graves, comme les canards assoiffés de sang…

Si vous n'arrivez pas à déterminer si vos peurs sont irrationnelles ou si c'est au contraire votre nunchi qui essaie d'attirer votre attention, la première chose à faire est de repérer de quelle partie de votre corps vient cette sensation.

Une fois que votre nunchi s'est enclenché et a traité les informations, les émotions fortes comme la peur viendront principalement de votre ventre. Ce sera une sensation glaciale, factuelle même si elle est très désagréable. Si vous ressentez une forme d'anxiété, c'est généralement votre cortex cérébral qui fait le malin et vous empêche d'y voir clair : tout se passera à deux endroits en même temps, la tête et surtout la poitrine. Si vous avez l'impression qu'une enclume vous écrase la cage thoracique et vous empêche petit à petit de respirer, c'est de l'anxiété, pas votre nunchi.

Le nunchi met en route votre instinct de survie, comme une montée d'adrénaline. C'est le même genre de phénomène qui fait qu'une mère sent que son enfant est en danger et qui lui dit de foncer dans sa chambre pour soulever l'armoire normande qui vient de tomber sur le berceau. L'anxiété ne vous donne pas du tout cette faculté.

Faire le lien entre une sensation et une zone spécifique du corps prend du temps. Je dirais qu'il faut être confronté au problème en situation réelle une bonne dizaine de fois avant d'y arriver facilement. La pratique du yoga, de la méditation ou d'un sport qui demande une forme de coordination entre le corps et l'esprit peut vraiment vous y aider ; pour moi, c'est le Pilates. Si mon prof me dit : « Cet exercice sollicite principalement les dorsaux et un peu moins les biceps », je sais comment me concentrer sur mes dorsaux pour y transférer plus d'énergie. Ce genre de réflexe vous aidera à repérer plus rapidement à quel(s) organe(s) se connectent spécifiquement vos pensées et vos sensations.

Si cela vous paraît un peu farfelu, pensez à ce que vous ressentez généralement : quand ça fait des heures que vous essayez de résoudre un problème de maths, vous avez mal au crâne, pas aux orteils. Si vous surprenez l'amour de votre vie au lit en pleine action avec un inconnu, vous aurez l'impression qu'on vous a envoyé un coup de poing dans le plexus, pas dans l'oreille. Vous savez que les sensations ont leur siège dans une zone spécifique de votre corps.

LE NUNCHI EN VOYAGE

C'est tout simplement génial de voyager avec un expert en nunchi. C'est le genre de personne qui entre dans un magasin ou une pharmacie dans un pays où elle n'a jamais mis les pieds et dont elle ne parle pas la langue et qui arrive quand même à trouver comme par magie l'allée où il y a le jus de grenade ou la crème antivenin que vous cherchez, aussi facilement que si elle faisait les courses en bas de chez elle. Qui arrive à demander son chemin dans une langue qu'elle ne parle pas. Ou qui trouve un bon restaurant sans regarder dans un guide, juste au feeling.

Ces personnes ont un sens aigu des différences culturelles mais surtout, elles les apprécient.

Elles considèrent qu'il faut s'en réjouir parce qu'elles font le sel des voyages dans un pays étranger. Pour elles, c'est inné mais tout le monde peut développer sa capacité d'observation et être accueilli à bras ouverts n'importe où.

Au contraire, ceux qui manquent de nunchi ont quelque chose d'exaspérant au point parfois de s'attirer des ennuis. On entend souvent des histoires de couples qui se séparent après avoir fait un voyage ensemble – en plein milieu, en fait. C'est fréquemment parce que l'un des deux manque chroniquement de nunchi et que c'est apparu au grand jour dans un environnement étranger ; l'autre n'en croit pas ses yeux.

Les touristes sans nunchi prennent le bidet pour les toilettes. Ils insultent les habitants involontairement. Au marché, ils se font plumer par les joueurs de bonneteau et paient trois fois le prix parce qu'ils ne savent pas combien coûte du fromage. Ils se font avoir à chaque fois par les pickpockets. Ils se retrouvent dans les endroits mal famés parce qu'ils n'ont pas vu que cela pouvait être dangereux. Ils paniquent dès qu'ils ont l'impression d'être perdus. Parfois, ce sont tous ceux qui les accompagnent qui se retrouvent dans de beaux draps. C'est là que leur absence de nunchi arrête d'être drôle et devient pénible, voire plus : « Je ne me sens pas en sécurité quand il/elle est là. Est-ce que je veux vraiment que ce soit mon ami ? Passer ma vie avec lui/elle ? »

Cela se passe toujours mal pour les gens qui manquent de nunchi parce que le changement leur fait peur. Ce n'est pas par hasard si la peur du changement est aussi une des principales causes de rupture dans les couples. La capacité d'adaptation est la qualité principale des experts en nunchi.

Je suis persuadée que vous ne manquez pas totalement de nunchi mais même une légère déficience peut vous gâcher le voyage, vous priver d'un des grands plaisirs de la vie et vous empêcher de profiter de l'expérience pour progresser.

Comment le nunchi peut aider à bien voyager

Comme le dit mon amie Helen, qui ne manque pas de nunchi, « une des plus graves erreurs est de croire que tout le monde nous ressemble ». C'est vrai dans la vie en général et ça l'est encore plus en matière de voyage.

Voici quelques exemples de ce que m'ont demandé des amis qui sont venus me voir à Paris :

– « Dis-leur que je veux le menu dégustation 12 plats mais que je suis végétarien » ;

– « Dis-leur que je veux parler au patron ; le service est vraiment trop lent » ;

– (à la terrasse d'un restaurant où il y a des cendriers sur toutes les tables :) « Tu peux dire à ce couple que je suis allergique à la fumée de cigarettes ? ».

Si vous ne voyez pas en quoi ce genre de remarques est problématique, soyez sympa, restez chez vous à jouer aux jeux vidéo ou un truc dans le genre. Attendez que votre passeport expire et ne le renouvelez pas. Évidemment, c'est impossible de tout savoir sur un pays où vous n'avez jamais mis les pieds. Voici quelques conseils qui vous seront utiles dans à peu près toutes les zones habitées de cette planète.

Règle n° 1 du nunchi à l'étranger :

À Rome, faites comme les Romains.

Le professeur Minsoo Kang, qui a vécu un peu partout quand il était enfant parce que son père était diplomate, est un expert du nunchi à l'étranger. Il souligne par exemple qu'en Iran, où il a vécu, « il faut faire attention avant de dire qu'on trouve un objet beau parce que votre interlocuteur risque de vous l'offrir et de se vexer si vous refusez ».

Disons que vous vous retrouvez chez un Iranien haut placé et que, comme vous admirez une lampe de valeur, il vous la donne. La bonne nouvelle, c'est que maintenant, vous êtes l'heureux propriétaire d'une jolie lampe. La mauvaise, c'est que vous ne saurez jamais vraiment si votre hôte voulait vraiment vous en faire cadeau. Il ne vous réinvitera peut-être jamais et dira à qui veut l'entendre que vous êtes un malotru qui fait son marché chez les gens.

Je dois avouer que j'ai déjà commis un impair de ce genre (je le répète : je ne suis pas née avec un nunchi rapide ; je me suis améliorée progressivement), par exemple en refusant de porter un voile alors qu'on m'avait dit que c'était pour ma propre sécurité. Tête nue, cheveux au vent, j'étais convaincue de faire un geste féministe ; en fait, j'ai compliqué la vie du personnel hôtelier et des forces de police qui ont été obligés de s'assurer que personne ne s'en prendrait à moi.

Règle n° 2 du nunchi à l'étranger :

Les gens ne sont pas obligés de traduire tout ce que vous dites, sauf s'ils sont payés pour ça.

Il y a des gens qui sont perturbés quand quelqu'un parle une langue qu'ils ne comprennent pas parce qu'ils ont l'impression que c'est d'eux qu'on parle. S'il vous plaît, arrêtez. Acceptez que vous ne comprenez pas tout, même si ce n'est pas très agréable.

Règle n° 3 du nunchi à l'étranger :

Cela n'intéresse personne que vous pensiez avoir droit à telle ou telle prestation parce que « là d'où je viens, on fait comme ça ».

Ce serait comme dire à la personne avec qui vous dînez qu'elle doit coucher avec vous parce que la dernière fois que vous avez emmené quelqu'un dans ce restaurant, il est passé à la casserole.

Si vous êtes dans un pays où on laisse un pourboire, ne dites pas : « Désolé mais chez moi, on ne laisse pas de pourboire. » Si vous êtes dans un pays où on fait payer le pain et les bretzels, vous pouvez en penser ce que vous voulez mais ce n'est pas le problème du restaurant.

Observez et adaptez-vous ; ne demandez pas à tout un pays de s'adapter à vous.

Règle n° 4 du nunchi à l'étranger :

Apprenez à dire ces trois choses dans n'importe quelle langue :

1. Bonjour

2. Est-ce que vous pouvez m'aider ?

3. Est-ce que vous parlez [telle langue] ?

Je me souviens d'une fois où un Américain m'a dit : « Je suis allé à Paris ; j'ai détesté. J'étais dans le métro et je suis allé demander un renseignement au guichet. Le type n'a pas voulu m'aider. C'est son boulot quand même ! »

En posant quelques questions, j'ai vite compris ce qui s'était passé : l'Américain avait en fait aboyé des questions en anglais à la personne de la RATP. C'est pourquoi le guichetier ne l'a pas aidé.

Pour commencer, à moins que vos vêtements ne soient en flammes, quand vous adressez la parole à quelqu'un dans un pays étranger, commencez toujours par dire bonjour poliment *dans la langue de votre interlocuteur* avant de dire quoi que ce soit. Aux États-Unis, il faut dire « Hello » et attendre qu'on vous réponde aussi « Hello ». Rappelez-vous la Règle n° 5 : si les bonnes manières existent, il y a une bonne raison à cela.

Dire « Hello », ou l'équivalent dans une autre langue, ce n'est pas une pratique archaïque tout droit sortie du XIXe siècle ; c'est une façon de prévenir qu'on veut demander quelque chose. Il faut marquer un temps d'arrêt pour que la personne puisse arrêter de faire ce qu'elle était en train de faire et se concentrer sur ce que vous allez dire. C'est comme ça à peu près partout, qu'on connaisse son interlocuteur ou pas. Si vous n'êtes pas sûr de maîtriser le protocole local, dites toujours au moins « Hello » en anglais ou l'équivalent dans une autre langue. Ce sera apprécié où que vous soyez.

Ensuite, ce serait quand même pas mal de prévenir avant de commencer à vous exprimer dans une langue qui n'est pas celle du pays où vous vous trouvez, non ? Même les polyglottes sont un peu pris de court quand on leur parle sans prévenir dans une autre langue. Si vous êtes sur le point de vous exprimer en français ou en anglais dans un pays dont ce n'est pas la langue, commencez par dire : « Est-ce que vous parlez [telle langue] ? » Cela laisse le temps à votre interlocuteur de se préparer mentalement ou d'aller chercher quelqu'un qui pourra vous aider.

Règle n° 5 du nunchi à l'étranger :

Si vous avez des doutes, essayez de lire le langage corporel.

C'est ce qu'a fait Minsoo Kang quand il a rendu visite à un professeur à l'université de Cambridge. Il a vécu dans les pays occidentaux quand il était jeune et parle parfaitement anglais mais, comme toute personne dotée d'un nunchi rapide, il ne s'est pas dit qu'il comprendrait tout du premier coup simplement parce qu'il parlait la langue locale. Il faut faire attention à tout le reste. Comme l'a écrit l'écrivain irlandais George Bernard Shaw, « l'Angleterre et les États-Unis sont deux pays divisés par leur langue commune ».

Kang témoigne : « Je suis allé parler [au professeur] et j'ai eu l'impression de l'envahir en venant dans son bureau. Il était très poli mais c'était évident qu'il était impatient que je parte. Donc j'ai dit : "Merci de m'avoir reçu", je me suis levé et je suis parti. Et là, il m'a demandé si je voulais venir dîner chez lui avec sa famille. Je me suis dit que c'était uniquement par politesse, donc j'ai décliné l'invitation. »

Il s'avère qu'il avait bien lu l'humeur du professeur. De retour aux États-Unis, le collègue qui avait organisé le rendez-vous à Cambridge a dit à Kang quelque chose de surprenant : « Il t'a trouvé super ! Tu sais pourquoi ? Parce que tu as décliné son invitation. »

Voilà ce que Kang en a déduit : « En déclinant l'invitation, je lui ai rendu service ; dans son esprit, cela fait de moi quelqu'un de très poli. Pour un Anglais, c'est poli. »

TOUJOURS PRENDRE EN COMPTE LE CONTEXTE

En matière de nunchi, on est souvent son propre ennemi, en particulier si on stresse à cause de ce que les autres vont penser. On met parfois son nunchi en veilleuse de peur qu'il ne nous dise quelque chose qu'on n'a pas envie d'entendre. Par exemple, vous redoutez peut-être les critiques. Vous ne devriez pas. Je ne vous dis pas de prendre tous les reproches qu'on vous fait pour argent comptant, mais vous ne devriez pas en avoir peur. Votre nunchi vous aidera à séparer le bon grain de l'ivraie : si quelqu'un essaie juste de vous rabaisser et non de vous aider à progresser, votre nunchi vous le dira.

Ce qui est paradoxal avec le nunchi, c'est que pour arrêter de vous inquiéter de ce que les gens pensent de vous, il faut comprendre ce que les gens pensent de vous. Soit dit en passant, franchement, ne vous fatiguez pas avec ce qu'ils disent sur les réseaux sociaux. Ils ne peuvent pas vous observer et se faire une idée de ce que vous êtes vraiment et, en plus, tout se passe en face d'un public potentiellement international, pas en tête-à-tête. Si un gamin de douze ans vous insulte pendant une partie de jeux vidéo en ligne depuis le grenier de sa maison, ça vous fait quelque chose ? Non, vous le prenez à la rigolade. C'est peut-être la même chose avec les gens qui vous envoient des tweets. Les réseaux sociaux, c'est le royaume du non-nunchi par excellence. Il n'y a rien à en tirer.

En revanche, ça vaut le coup de comprendre quelles sont les personnes qui vous critiquent et quelles sont leurs intentions. Vous pensez peut-être que votre amie qui vous dit d'arrêter de couper la parole aux gens est « juste jalouse » et c'est peut-être le cas… mais peut-être aussi qu'elle vous offre un bon conseil. Le patron qui ne vous a pas donné un poste car il trouve que votre parcours professionnel est « trop confus » est peut-être un peu fermé mais… peut-être que vous êtes nerveux en entretien et donnez l'impression d'être un peu instable. Essayez de rediscuter avec lui pour avoir des explications et ne soyez pas immédiatement sur la défensive. C'est le meilleur moyen de bloquer votre nunchi.

LE NUNCHI ET LA DÉPRESSION

On peut en arriver à un point où on se sent tellement mal qu'on n'arrive même plus à réfléchir à ce qu'on pourrait faire pour améliorer sa situation. On se dit : « Que je me réveille demain matin ou pas, ça m'est égal donc je n'ai pas assez d'énergie pour me soucier de nunchi. »

Mais vous savez quoi ? Votre cerveau reptilien et votre instinct de survie ne sont pas d'accord avec vous. Le cerveau reptilien veut vivre. Même une personne qui a des pulsions suicidaires va esquiver si quelqu'un essaie de lui envoyer un coup de poing. Même une personne au bout du rouleau, dans sa voiture avec une plaquette de somnifères, va appuyer sur l'accélérateur si elle voit dans son rétroviseur un ours qui lui fonce dessus la bave aux lèvres. C'est juste l'instinct.

Évidemment, si certains individus déclenchent systématiquement chez vous des crises d'angoisse parce que votre relation est vraiment toxique, par pitié, coupez les ponts. En vieillissant, vous vous fatiguez et vous aurez besoin de cette énergie pour rester en bonne santé et prendre soin de vous et de vos proches. Pour reprendre un thème qui circule sur Internet : « Si vous souffrez de dépression, commencez par vous demander si ce n'est pas juste parce que vous êtes entouré d'imbéciles. »

QUIZ

Parmi ces situations, lesquelles décrivent des préoccupations basées sur le nunchi ou au contraire des peurs irrationnelles ?

Vous êtes préoccupé parce que	Nunchi ou peur irrationnelle ?
1. Votre petit ami n'arrête pas de regarder nerveusement son téléphone sans vous expliquer pourquoi. Vous vous dites qu'il cache peut-être quelque chose.	Nunchi / Peur irrationnelle
2. Vous rencontrez une collègue de votre petit ami. Elle est vraiment séduisante. Vous vous dites : « Il va me tromper avec elle » simplement parce qu'elle est attirante.	Nunchi / Peur irrationnelle
3. Votre ado commence à avoir des accès de colère et vous remarquez qu'il manque des billets dans votre portefeuille. Vous suspectez un problème de drogue.	Nunchi / Peur irrationnelle
4. Votre ado écoute beaucoup de ska. Vous suspectez un problème de drogue.	Nunchi / Peur irrationnelle

5. Votre patron ne vous convie plus aux réunions et vous a demandé de former une autre personne à plusieurs de vos compétences. Vous vous dites que vous allez bientôt être renvoyé.	Nunchi / Peur irrationnelle
6. Votre patron claque les portes et hurle qu'il faut que vous avanciez sur un projet. Vous vous dites que vous allez bientôt être renvoyé.	Nunchi / Peur irrationnelle

Bonnes réponses : 1, 3 et 5 sont des exemples d'observations basées sur le nunchi. Il est légitime de se poser des questions et vous devez essayer intelligemment d'obtenir plus d'informations. Les scénarios 2, 4 et 6 relèvent de la peur irrationnelle qui dérive en l'espèce de vos a priori ou de vos insécurités.

Que vous souffriez d'anxiété ou de dépression ou simplement que vous évoluiez dans un environnement complexe, rappelez-vous le dicton coréen : « Le nunchi est l'arme secrète de ceux qui n'en ont pas d'autre. » Même si vous n'êtes vraiment pas au mieux, le nunchi peut vous aider à repartir. Le nunchi n'est ni une corvée ni une philosophie compliquée ; c'est une force qui est en vous et qui peut vous aider à être plus fort dans les situations d'urgence. Votre capacité à l'utiliser est inscrite dans vos gènes, elle est le résultat de millions d'années d'évolution vers plus de bien-être. Le bonheur et le succès sont en vous... et à l'extérieur de vous. Regarder le monde qui vous entoure est la première étape vers le bonheur et le succès.

Vous pouvez le faire.

CONCLUSION

Utiliser votre nunchi est peut-être une des compétences les plus importantes que vous puissiez acquérir – parce qu'elle vous donne une perspective sur l'âme humaine. En Corée, le nunchi fait partie de la vie quotidienne, de la naissance jusqu'à la mort. Dans les pays occidentaux, le temps est venu de s'y mettre, et ce n'est pas trop tôt.

Comme le disent les Coréens, le nunchi, c'est la moitié du chemin pour réussir sa vie sociale. Et ce n'est pas un concept mystique oriental. Fondamentalement, c'est aussi une notion occidentale ; mais beaucoup de gens ont perdu de vue le fait qu'il est important de faire attention à ce qui les entoure parce qu'ils sont obnubilés par l'idée qu'il faut en permanence s'occuper de soi.

Les gens sont convaincus que les communautés humaines sont fondées sur le libre choix, mais ils se trompent. Comme l'a dit Aristote, les sociétés sont apparues parce que notre espèce en avait besoin pour survivre. Une fois que vous avez accepté l'idée que la vie en communauté est nécessaire, vous devez reconnaître que le nunchi l'est tout autant.

Utiliser votre nunchi peut vous aider à réduire l'anxiété que provoquent les interactions sociales. Comme vous n'avez plus besoin que les gens vous apprécient pour vous entendre avec eux, vous vous enlevez de la pression. Une partie du nunchi, c'est accepter que nous sommes tous dans le même bateau, pour le meilleur et pour le pire. Et je ne parle pas seulement de notre planète ou même de la direction du vent, je parle aussi de la pièce dans laquelle on se trouve. Où qu'on soit, on peut utiliser son nunchi.

Aux États-Unis, on dit : « Travailler mieux, pas plus. » C'est tout à fait cela, le nunchi. Évidemment, bien se préparer et travailler dur est essentiel. Mais cela ne remplace pas le nunchi – rien ne remplace l'observation et la capacité d'adaptation.

Si vous avez un nunchi rapide, vous pouvez créer autour de vous un environnement harmonieux, qui fait que les gens ont envie d'être près de vous. Mais le nunchi, ce n'est pas que ça : il ne sert pas à faire remonter votre cote de popularité. Le nunchi a aussi un côté très pragmatique : il vous aide à influencer les gens. Cela vous paraît peut-être machiavélique mais c'est positif pour toutes les parties : une atmosphère ronde et agréable profite à tout le monde.

Le nunchi joue un rôle essentiel dans la réussite et la recherche du bonheur. Il fait de vous un meilleur parent, un meilleur partenaire, un meilleur fils, une meilleure fille, un meilleur collègue, un meilleur boss, un meilleur ami.

Je ne suis pas en train de vous dire que les gens qui n'ont pas de nunchi ne peuvent pas aller loin mais imaginez où ils seraient si leur nunchi était meilleur ! Ils sont célèbres, ils ont du pouvoir mais s'ils donnent l'impression de ne pas avoir de nunchi, c'est parce qu'ils l'ont choisi : ils sont tellement imbus d'eux-mêmes qu'ils ont tout simplement renoncé à écouter leurs sens. Leur ego a pris le pas sur leur nunchi. Ils n'écoutent plus leurs conseillers ou bien ceux-ci ont simplement laissé tomber.

Ils n'y arrivent que parce qu'ils font preuve de brutalité. Si vous ne construisez pas vos succès sur le nunchi, tout l'édifice finira par s'écrouler sur lui-même. C'est valable pour les grands dirigeants comme pour les empires.

Rappelons les huit règles du nunchi :

1. Commencez par faire le vide dans votre esprit. Souvenez-vous de Bruce Lee : « Vide ton verre pour pouvoir le remplir. » Prenez un peu de recul, respirez et n'oubliez pas que les *a priori* vous empêchent d'apprendre quoi que ce soit sur les gens.

2. Prenez conscience de l'effet « observateur nunchique » que vous déclenchez en entrant dans une pièce : vous y apportez un changement. Comprenez quelle influence cela a. Votre seule présence change l'environnement même si vous n'avez rien dit. Il n'y a pas besoin de faire une entrée en fanfare.

3. Quand vous entrez dans une pièce, rappelez-vous que les autres y sont depuis plus longtemps que vous. Regardez-les pour acquérir de l'information. Si tout le monde a l'air triste, n'essayez pas de faire de l'humour avant de comprendre pourquoi. Si tout le monde est assis en rond par terre en train de faire quelque chose, à moins que ce ne soit un rite satanique, ne les perturbez pas.

4. Ne ratez jamais une occasion de ne rien dire. Si vous êtes suffisamment patient, vous obtiendrez la réponse à la plupart de vos questions sans avoir besoin de dire quoi que ce soit. Ce conseil vous sera utile pendant une négociation parce que votre objectif est d'en apprendre le plus possible sans dévoiler votre jeu.

5. Si les bonnes manières existent, il y a une bonne raison à cela. Ne pensez pas que c'est superficiel : cela sert à mettre tout le monde à l'aise.

6. Lisez entre les lignes. Les gens ne disent pas toujours les choses directement et c'est leur droit. Si quelqu'un n'aime pas les propos trop directs, ne le mettez pas mal à l'aise ; faites attention au contexte et à ce que vos interlocuteurs *ne disent pas*.

7. Faire du tort involontairement est parfois aussi grave que le faire volontairement. Intention et impact sont deux choses différentes. L'intention, c'est ce que vous avez dans la tête : il faut vous en distancer pour mettre les gens à l'aise. Essayez de créer de la rondeur, pas des angles pointus.

8. Faites preuve d'agilité, soyez rapide. Recueillez un maximum d'informations, traitez-les et adaptez-vous rapidement. La pièce où vous vous trouvez n'est plus celle où vous êtes entré il y a dix minutes. Tout est question de flux. Rappelez-vous : la sélection naturelle ne dit pas que c'est le plus fort qui survit. C'est le plus adaptable.

QUAND LE NUNCHI PARAÎT DÉCIDÉMENT TROP COMPLIQUÉ

Si vous n'arrivez vraiment, vraiment pas à ne rien dire, tout n'est pas perdu. Il y a d'autres façons de lire une pièce, en regardant les gens, droit dans les yeux par exemple. S'ils sont un peu intimidés, cela ne peut pas faire de mal. Cela vous offre des leviers. Comme indiqué plus haut, Steve Jobs n'était pas le dernier à faire comme ça.

Quand vous pensez aux gens qui autour de vous manquent complètement de nunchi, ils sont peut-être sympathiques, désagréables ou entre les deux mais ils ont une chose en commun : ils donnent l'impression de ne pas contrôler grand-chose dans leur propre vie. Dans le pire des cas, ils se laissent influencer par des gens peu recommandables. Dans le meilleur des cas, ils ont du mal à progresser sur le plan professionnel et perdent des amis aussi vite qu'ils s'en font parce que les gens s'éloignent d'eux sans savoir pourquoi. Utiliser son nunchi ne veut pas dire abandonner sa propre identité au profit de celle de l'autre. C'est même le contraire. Si vous observez intelligemment et avec calme, vous serez en mesure de comprendre qui les autres sont vraiment, sans avoir à prendre des risques et en toute objectivité. En un sens, le nunchi donne du courage – en apparence mais aussi dans les faits.

Le nunchi permet de mener sa vie comme on l'entend. Il y aura toujours des gens qui ne vous apprécieront pas : c'est inévitable. Vous pouvez au moins vous simplifier la vie en évitant de vous faire malgré vous des ennemis à cause de choses totalement prévisibles.

Vous ferez sûrement des erreurs de nunchi de temps en temps. Ne vous flagellez pas : même les experts peuvent commettre un faux pas. Personne n'est parfait. Et si cela vous arrive, n'en faites pas une maladie. Passez à autre chose. Les experts en nunchi savent bien que « moins on en dit, plus vite c'est oublié ».

Quand ils sont en société, beaucoup de gens essaient de dire quelque chose pour avoir l'air intéressant. Mais cela ne sert pas à grand-chose et si vous passez votre temps à réfléchir à ce que vous pouvez dire, vous ne pouvez pas observer ce qui se passe. Vous avez plutôt intérêt à essayer de lire la pièce. Vous irez beaucoup plus loin dans la vie en développant votre nunchi. Les gens se rapprocheront de vous sans même savoir pourquoi.

Si vous avez l'impression que la vie est un combat de tous les jours, votre nunchi vous aidera à avoir des rapports plus apaisés et plus coopératifs avec ceux qui gravitent autour de vous. Ce collègue qui prend un malin plaisir à décrédibiliser les idées que vous proposez trouvera moins d'excuses pour être en désaccord avec vous. L'employé dont le job est de dire « non » à tout le monde vous dira : « Bon, j'imagine qu'on doit pouvoir trouver une solution… » Les questions que vous vous posiez comme « Que faut-il faire pour qu'on vous écoute ici ? » trouveront leur réponse naturellement, sans que vous ayez rien dit. Vous vous apercevrez que les négociations les plus difficiles ressemblent beaucoup plus à un tango qu'à un combat de boxe. Les interactions seront moins anxiogènes.

Quelle que soit la surprise qui vous attend dans la pièce d'à côté ou dans la vie, vous aurez suffisamment confiance pour créer de la rondeur, faire en sorte que les gens dialoguent de façon harmonieuse avec vous et influencer un petit peu la marche de l'univers en votre faveur. Vous n'avez pas besoin d'être le meilleur pour gagner : utilisez simplement vos yeux et vos oreilles.

NOTES

1. Kongdan Oh, « Korea's Path from Poverty to Philanthropy », Brookings Institute, 14 juin 2010, https://www.brookings.edu/articles/koreas-path-from-poverty-to-philanthropy/

2. Minsoo Kang, *The Story of Hong Gildong*, New York, Penguin Books, 2016.

3. Jaehong Heo, Wonju Park, « Development and Validation of Nunchi Scale », *Korean Journal of Counseling*, 14/6, 2013, p. 3537-3555.

4. Bobby et Peter Farrelly, *Dumb and Dumber*, scénario de Bennett Yellin (1994).

5. https://www.nytimes.com/1997/05/15/nyregion/danish-mother-is-reunited-with-her-baby.html

6. Tiré de l'*Enchiridion*, qui en grec veut dire « manuel ».

7. Arthur Conan Doyle, *The Adventure of the Copper Beeches.*

8. https://www.pnas.org/content/115/7/E1690.

9. Ricky Gervais, Stephen Merchant, The Office, BBC.

10. Walter Isaacson, *Steve Jobs*, New York, Simon & Schuster, 2011, chap. 30.

11. https://www.reuters.com/sponsored/article/popularity-of-gaming ?

12. https://www.shortlist.com/entertainment/films/back-to-the-future-wouldnt-have-been-the-same-without-spielberg/89788

13. https://www.sec.gov/news/press-release/2018-219